EL PERFIL PSICOLÓGICO DE JESÚS

EL PERFIL PSICOLÓGICO DE JESÚS

DRA. LIS MILLAND

CASA
CREACIÓN
Para vivir la Palabra

Para vivir la Palabra

MANTÉNGANSE ALERTA;
PERMANEZCAN FIRMES EN LA FE;
SEAN VALIENTES Y FUERTES.
—1 CORINTIOS 16:13 (NVI)

 El perfil psicológico de Jesús por Lis Milland
Publicado por Casa Creación
Miami, Florida
www.casacreacion.com
©2016-2021 Derechos reservados

Library of Congress Control Number: 2016943329
ISBN: 978-1-62998-993-8
E-Book ISBN: 978-1-62999-008-8

Desarrollo editorial: *Grupo Nivel Uno, Inc.*
Editado por: LM Editorial Services (lmorales.editorialservices@gmail.com)
Diseño interior y portada: *Grupo Nivel Uno, Inc.*

Nota de la editorial: Aunque el autor hizo todo lo posible por proveer teléfonos
y páginas de internet correctos al momento de la publicación de este libro, ni la
editorial ni el autor se responsabilizan por errores o cambios que puedan surgir
luego de haberse publicado.

Impreso en Colombia

24 25 26 27 28 LBS 9 8 7 6 5 4 3 2

DEDICATORIA

Hijo mío:

Cuando te miro, puedo ver la fidelidad de Dios. El Eterno no miente y llega a tiempo. El Todopoderoso cumple sus promesas, y ciertamente nos da mucho más allá de lo que pedimos o esperamos. Para mamá... ¡tú eres perfecto!

La memoria más cautivante que tengo de mi vida es el instante oportuno en que nuestras miradas se encontraron por primera vez. El mundo se detuvo a mi alrededor y solo existíamos tú y yo. Gracias por el privilegio de escogerme para ser tu mamá. Ese día, tu manita se entrelazó con la mía y así será por siempre.

Debes saber que en el camino de tus días, mamá estará aquí para ti. Por encima de todo, siempre me encontrarás impulsándote para el cumplimiento del gran propósito que tienes en el Señor. Estoy segura que serás un gran hombre de Dios. Lo veo desde ya, por tu gran sensibilidad. La bondad se desborda por todo tu ser. Me conmueve mucho cuando te veo orando. Es impresionante como con cinco añitos es tan claro tu don de servir a los demás.

No creo en las casualidades. Creo que hay un plan perfecto de parte de Dios en todo lo que acontece en la vida de sus hijos. Llegaste a nuestras vidas justamente cuando mamá estaba escribiendo este libro sobre Jesús. Es el momento en el que más cerca he estado, conscientemente, de las virtudes del gran Maestro: su amor, su firmeza, su misericordia, su perdón, su compasión, su lealtad, su poder, su fuerza, su sacrificio y su victoria. ¿Sabes una cosa Adrián Emmanuel? Tú las tipificas todas.

El mayor legado que deseo dejarte es, precisamente, el que mis padres me dejaron: amar a Jesús con todas las fuerzas de mi alma. Nunca lo olvides: si tienes a Jesús, entonces...lo tienes todo.

Hasta el último latido de mi corazón y más allá,

Mamá

AGRADECIMIENTOS

En este libro está la marca de la intervención del Espíritu Santo, pero también la huella de gente muy linda que ama a Dios y que han aportado grandemente para que este proyecto sea una gloriosa realidad.

Mi esposo, Luis Armando. Gracias por tu devoto amor, que es inagotable. En el transcurso de la escritura de este libro, me esperaste, animaste, escuchaste y apoyaste. Siempre te he admirado mucho, pero desde que somos padres, te admiro más. Varias veces, mientras yo estaba en la computadora, tú te quedaste cuidando solo a nuestro hijo. Haces realidad "el amor es paciente" (1 Corintios 13:4). La paciencia siempre va unida al entendimiento. Gracias por entender todos los sueños de Dios para con nosotros y hacerlo con tanto compromiso. Gracias por tu bondad. Vivo enamorada de la belleza de tu corazón.

Doy gracias infinitas a todo el equipo de trabajo de la editorial Casa Creación. Más que mis editores, ustedes son mi familia. Los cuento como una de las bendiciones más importantes que el Señor ha traído a mi vida. ¡Los amo! Han sido compañeros de oración cuando hemos necesitado milagros y eso tiene un valor que no puede ser calculado. Son profesionales de altura, sin dejar de ser un ministerio poderoso. Gracias por todo lo que me han enseñado.

Gracias a la pastora Marlyn Arroyo por sugerirme que escribiera sobre el perfil psicológico de Jesús. Esta experiencia ha sido una gran aventura de fe, crecimiento, madurez y amor. Te admiro mucho.

Con el alma, le doy las gracias al pastor y motivador, Edwin Rivera Manso, por escribir el prólogo de este libro. Gracias por ser sensible a la voz de Dios. Ha sido una bendición poder contar con tu privilegiada mente.

Mi hermana Dalia, ha sido mi compañera de camino desde el momento en que nací. Pusiste todo tu corazón al escribir el prefacio. Esto no es raro, tú siempre derramas el corazón en todo lo que haces.

Gracias a cada uno de los pacientes que he atendido a lo largo de mi carrera como consejera. Ustedes me han ayudado a ser testigo, miles de veces, de lo que el poder restaurador y redentor de Jesús hace en la vida de las personas. Gracias, porque me han enseñado que no existe el problema, que en Jesús, no pueda ser superado. Que no existe la pérdida, que en Jesús, no pueda ser transformada en ganancia. Que no existe el hábito, que en Jesús, no pueda ser cambiado. ¡Hay mucho de ustedes en este libro! El mundo tendrá que seguir reconociendo que sin Jesús, nada podemos hacer.

Señor Jesús, no hay palabras que puedan describir mi gratitud hacia ti. Eres el protagonista de este estudio pero, por sobre todo, eres el protagonista y figura central de toda mi existencia. ¡Vivo para ti y por ti! Mi oración es que este libro contribuya al conocimiento de tu carácter y que todos seamos desafiados cada día a querer parecernos más a ti.

¡Nuestras vidas, nuestras familias y nuestras naciones podrían ser muy distintas si nos pareciéramos más a Jesús!

CONTENIDO

"Nadie puede leer los Evangelios
sin sentir la presencia real de Jesús.
Su personalidad vibra en cada palabra.
Ningún mito está lleno de tanta vida".[1]
Albert Einstein

PRÓLOGO

La identidad, personalidad y pensamiento de Jesús continúa siendo un enigmático imán atrayente al ser humano posmoderno. Su figura no desmerece en el imaginario del mundo entero. Su belleza y atractivo no tienen comparación. Dos mil años han pasado y sigue cautivando la mente humana por el poder sanador y libcrador que hay en su Palabra.

Usted tiene en sus manos un libro fascinante, interesante y, ¿por qué no?, extraño. El mismo nos presenta una óptica distinta y tal vez muy poco explorada por muchos. La Dra. Lis Milland, tal vez a mi juicio, en el libro más importante de su carrera, nos presenta a Jesús, tal vez como muy pocos se han atrevido a describirlo. Utiliza su instrumental capacidad como terapeuta en salud mental para analizar cuáles son las técnicas de intervención de Cristo, y cuál es la eficacia del toque sanador y terapéutico que hay en el Maestro de Nazaret.

La mente de Jesús ha intrigado a muchos y continúa siendo un enigma para aquellos que pretenden encajonarlo o definirlo. Aquellos, como los religiosos de su tiempo, que, al no poder entenderlo, codificarlo, definirlo, manipularlo, aseveraron que estaba loco (ver Juan 10:20).

Este libro no pretende ser un tratado psicológico, ni una disquisición teórica y filosófica de religión en un sentido académico. Lis desnuda el alma y comienza esta narrativa desde una experiencia de vulnerabilidad, quebrantamiento y ruptura. Sí, la terapeuta nos dice que fue quebrantada emocionalmente. Y es que nadie puede testificar de la sanidad emocional y mental que Jesús es capaz de hacer, sino aquellos que un día habiendo estado rotos, Él los sanó, levantó y restauró.

En estas líneas escribe una terapeuta que se topó con el Maestro. Sale a relucir la discípula que ama a su Señor. Una compañera de camino para muchos que han necesitado un encuentro sanador con ese Jesús. Los años de experiencia clínica en sanidad emocional se translucen en aquellos relatos que la Dra. Milland inserta en los capítulos para que cada lector entienda que Jesús, en su caminar por la tierra, nos legó una Palabra capaz de sanar el dolor del corazón. Él es esa Palabra; Él es el Verbo (Juan 1:1) sanador de Dios.

Jesús emerge de estos relatos como un campeón de esperanza ante el dolor más profundo del pueblo. No hay nadie como Jesús para enfrentar el dolor. Los relatos de sus últimas horas sobre la faz de la tierra fueron brutales y abrumadores. Y aun en medio de dicho sufrimiento físico y existencial, la ecuanimidad de Jesús, *"el cual por el gozo puesto delante de él, sufrió la cruz"* (Hebreos 12:2), nos hace enfrentar nuestras flaquezas, debilidades y dolores con gozo y esperanza. Jesucristo dijo de sí mismo que su Padre lo había enviado a *"sanar a los quebrantados de corazón"* (Lucas 4:18). El reino de Dios se establece cuando somos liberados de los poderes del mal, pero también somos emocionalmente repuestos de la devastación de las tinieblas en nosotros mismos.

Aun ante un clima donde un sector de la academia psicológica y psiquiátrica menosprecia su existencia, vivencias y enseñanzas, Lis Milland nos señala que *"las ciencias de la conducta humana tienen mucho que aprender de Jesús"*.

Solo Él es capaz de darle sentido a las mayores crisis en la vida. Los relatos del Cristo resucitado nos ofrecen un modelo de restauración y sanidad emocional.

A los caminantes de Emaús, Él les ofreció compañía, silencio, catarsis y lectura de la Escritura (ver Lucas 24). A sus discípulos desconcertados de su destino y devastados ante la pérdida de Jesús, Él les ofreció solidaridad y camaradería, y comió con ellos (ver Juan 21). A Tomás le ofreció vulnerabilidad, le mostró sus heridas y le permitió tocarlas (ver Lucas 20). A Pedro le ofreció liberación del fracaso al perdonarse a sí mismo (ver Lucas 21). Y en la ascensión le ofreció a sus seguidores exhortación y esperanza para cumplir la misión de establecer su reino (ver Hechos 1).

¡Amo el perfil psicológico de ese Jesús! La belleza de su ser y su mensaje no nos ha dejado otra opción.

—EDWIN RIVERA MANSO
Pastor y conferenciante en liderazgo motivacional
Autor de *Transformación sin límites* y
Jesús ama a los nerds
www.edwinriveramanso.com

PREFACIO

En la niñez y en la adolescencia escuchamos frecuentemente la frase: "Todo a su tiempo", cuando queremos algo de forma inmediata. Luego, al pasar los años, los criados en el evangelio entendemos que esta procede del libro de Eclesiastés, donde el tercer capítulo comienza diciendo: "Todo tiene su tiempo".

Cuando mi amada hermana Lis escribió su primer libro *Vive libre, vive feliz*, sentí una emoción hermosa, bien profunda. Venimos de una familia que ama los libros. Nuestros padres eran devoradores de libros. Este libro tocó fibras bien profundas del ser humano, como sanar el niño herido, soltar los temores y perdonar a quien te lastimó, entre otros. Ha sido de gran ayuda a miles de personas a través del mundo. Pero, aunque entre nosotras hay una comunicación bien abierta, siempre le había guardado un secreto: mi más grande anhelo era que escribiera un libro sobre Jesús. Nunca se lo dije. No quería presionarla. Quería que el día que lo hiciera saliera de su corazón.

Lis ha narrado, cientos de veces, la empatía y la hermosa relación que tenía con nuestro padre. Nuestra madre sufrió múltiples crisis nerviosas durante la adolescencia de Lis y ella se refugió en él. Nuestro hermano Antonio y yo nos habíamos casado. ¿Cómo no refugiarse en una persona que pasaba horas leyendo la Biblia? ¿Cómo no refugiarse en una persona que admiraba a Jesús de una manera impactante?

¿Cómo no refugiarse en una persona que hablaba de las cualidades de Jesús que hacía que uno se enamorara de Él? En el año 2009, nuestro padre falleció. Ha sido uno de los momentos más difíciles de nuestras vidas. Recientemente, Lis me contó que estuvo todo un día con unos inmensos deseos de estar y hablar con nuestro padre. La entiendo. Me sucede lo mismo. Meses después de su muerte me tocó la difícil y triste tarea de sacar todas las cosas de la casa, pero allí tuve una experiencia inolvidable. Mientras las lágrimas bajaban por mis mejillas, no hacía otra cosa que agradecerle a Dios, nuestro Señor, por la vida de papi. Esa figura siempre presente. Esa figura en su sillón con una mirada que irradiaba paz. ¡Es que yo anhelaba tener esa paz! En nuestros momentos de ansiedad, nos pedía que no nos afanáramos por nada. En los momentos de crisis, nos recordaba que el Señor tiene el control de todo. En los momentos en que podíamos sentir frustración con alguien, nos decía: "Misericordia, misericordia, misericordia...". No podía responderle. Mientras sacaba las cosas, mi cerebro parecía escuchar las veces que decía: "Gracias". Es que no he conocido una persona que diga tanto esa palabra. Ese día encontré ropa, zapatos y otras cosas nuevas en su empaque. Es que nunca le interesaron las cosas materiales. No tenía que decir que era humilde. Su vida lo reflejó. Reflexionando, sentía gratitud por su gran amor. Sus gestos, cada detalle hacia nuestra madre y a nuestra familia eran inmensos, sin condiciones, no había forma de medirlo.

Al entrar al cuarto de Lis, encontré en una gaveta pertenencias que ella había dejado allí hacía muchos años. Nunca las había visto. Me llamó la atención una libreta escolar, ya con las páginas amarillas por el tiempo. La abrí y en la primera página decía: *"Mis poesías". "Mis poesías son la expresión del sentir de mi alma. Ellas saben del dolor agudo, saben de mis dichas y mis anhelos permitiendo que sus versos queden grabados. Conocen mis sueños, dándome la dicha de que al despertar no se han ido".* Al ver la fecha, me sorprendió la edad que ella tenía. Tuve un sinnúmero de emociones, porque vinieron a mi memoria unos eventos que surgieron recién yo me casé. Visitaba la casa de mis padres los sábados. Cuando iba al cuarto de Lis, estaba acostada escribiendo en una libreta. Iba donde nuestro padre y le reclamaba el porqué Lis no estaba haciendo los quehaceres del hogar. Con mucha firmeza y orgullo me decía: "Déjala, está escribiendo". ¿Él se imaginaría lo que estaba escribiendo? Esa escena se repitió muchas veces. Ese día me llevé la libreta para mi casa y la guardé. No le dije a Lis sobre "ese tesoro escondido".

En la celebración de los 40 años de Lis le quería dar una sorpresa. Recordé la libreta de poemas. Delante de familiares y amigos le pregunté: ¿Te acuerdas de esta libreta? Se impresionó mucho. Habían pasado 25 años. Les declamé uno de sus poemas:

Señor Jesús

Te había visto en el verde de los bosques.
Te había sentido en las mañanas tibias.
Te había oído en las cósmicas canciones.
Te había esperado en el ímpetu
que en mis sueños existía.

Pero atada por todo lo humano,
me callé muy dentro el anhelo de buscarte.
Fui esclava de un mundo ficticio,
hasta que lancé "un adiós"
para poder encontrarte.

Se me torció el deseo de seguir a los hombres.
Me cansé de recibir limosnas de herencia gastada.
Cuando te pedí que llegaras a mi vida,
le diste verdades de amor a mi alma.

Conocí la felicidad y el perdón.
Hice un desfile de los senderos viejos.
Grité entonces… "¡He vuelto a nacer!".
Se asomó, de repente, un hermoso destello.

Desde entonces, lo dominas todo,
mis preocupaciones, mis miedos…
Y siento tu ternura, ganándole a mi sollozo.
Me has hecho, por tu amor, más que vencedora.
Caminando entre luceros.
Navegando por ríos inmensos de victoria.

Y me has dado una esperanza,
verte algún día para decirte:
"Te amo".
Pues sin nave blanca,
sin ayuda de gaviotas,
sin multitud de alas,

subiré hasta tu cielo.

Junto a mí estarán las estrellas cantando.
Una sonrisa en tus labios se abrirá como rosas.
Me dirás: "Entra en el gozo de tu Señor
y se hará presente en mí
un manantial para tu gloria".

A los catorce años las jóvenes piensan, sueñan y están enamoradas de su príncipe azul. Lis estaba pensando y dedicando poemas al Rey de reyes.

"Todo tiene su tiempo, y todo lo que se quiere debajo del cielo tiene su hora" (Eclesiastés 3:1). Ahora entiendo que éste era el momento propicio y perfecto para escribir un libro sobre el perfil psicológico de Jesús. Ha pasado muchos años escuchando testimonios de sus pacientes con distintos problemas: espirituales, personales y psicológicos. Lis ha aprendido a través de sus estudios y pacientes sobre el ser humano en forma integral. Cada día se convence más de que debemos imitar a Jesús para alcanzar la plenitud y el gozo. Estaba esperando el día en que mi hermana Lis escribiera sobre Jesús; su grande y eterno amor. Ese día llegó: "Todo tiene su tiempo".

—Dalia Rubí Milland
Autora del libro *Te quiero mucho*

INTRODUCCIÓN

Antes de escribir este libro amaba a Jesús pasionalmente. Después de escribirlo, lo amo también a conciencia. Ahora amo al Señor con todas mis emociones y con toda mi mente. Lo amo con el sentimiento del amor y también con las dimensiones más íntimas y profundas de mi intelecto.

Un perfil psicológico es el conjunto de características que reúne un ser humano y que determinan su carácter, sus actitudes y ciertos comportamientos frente a diferentes situaciones o ante la sociedad como tal. Es un compendio de los rasgos que forman la personalidad y de cómo la gente se conduce frente a las distintas experiencias de la vida. Adentrarme en el perfil psicológico de Jesús, estudiarlo y analizarlo, ha sido un gran desafío. El reto mayor ha consistido en poder evaluar tanta grandeza, teniendo yo misma una multiplicidad de limitaciones frente a ella.

¿Qué nos revela su carácter? ¿Qué verdades nos presenta su personalidad? ¿Qué nos puede enseñar el Maestro de los maestros sobre el complejo trabajo del manejo de las emociones? ¿Cuáles fueron sus actitudes ante la vida? ¿Cómo fueron sus relaciones interpersonales? ¿Estuvo deprimido? ¿Presentó algún trastorno de ansiedad? ¿Cómo intervenía con la gente tóxica? ¿Qué asuntos lo indignaban? ¿Cómo canalizó los momentos de angustia? ¿Cómo venció el miedo? ¿Cómo manejó la traición? ¿Cómo superó la humillación pública? ¿Cuál fue la medida de su amor? ¿Qué hizo frente a las pérdidas? ¿Cómo controlaba sus pensamientos? ¿Lo desanimaron las frustraciones? ¿Fue feliz?

Luego de hacer este análisis, puedo comprender mejor la razón por la que después que el sorprendente Jesús de Nazaret pasara por la tierra, ya nunca más sus habitantes han podido ser los mismos. Un sencillo carpintero, que nació en un pesebre, cambió la historia y la visión de toda la humanidad.

Actualmente en el mundo, hay miles de personas que están sufriendo mucho. Todos los días entran a las oficinas de consejería personas que no le encuentran sentido a sus vidas, que están desgastados por el dolor emocional, y que presentan gran dificultad para levantarse de situaciones complejas. Jesús lo vivió todo en el campo de las emociones. No hay tristeza que Él no entienda. No hay traición que Él no haya experimentado. No hay silencio que Él no conozca. No hay lágrimas que Él no valore. No hay ansiedad que Él minimice. No hay pérdida que Él no comprenda. Su vida estuvo marcada por desafíos y dolores de toda clase. Pero frente a cada una de estas experiencias y de estos sentimientos, fue y es un Gran Maestro por su modo de canalizarlos y enfrentarlos.

El ministerio de Jesús, la misión que realizó y el propósito que reveló, le han dado a los seres humanos un estilo de vida saludable y la esperanza de disfrutar de la eternidad. Cuando se le conoce, la perspectiva de la vida cambia dramáticamente. Aprender sobre su carácter y comprender mejor su personalidad nos puede ayudar a desarrollar vidas plenas y completas. Cuando se vive como Él vivió, se puede llegar a ser feliz, independientemente de las circunstancias que nos rodean.

Muchos autores han escrito sobre distintos aspectos de la vida de Jesús. No cito a ninguno de ellos, aunque algunos son totalmente extraordinarios. Este libro ha sido el resultado de meterme con la mente y el corazón a los Evangelios de Mateo, Marcos, Lucas y Juan. Ha sido una experiencia personal con el Espíritu Santo, escucharlo... Ha consistido en revivir y recrear las escenas expresadas en esas cuatro fabulosas biografías de Jesús. Mi deseo es que *El perfil psicológico de Jesús* llegue a ser un instrumento útil y de bendición a quienes admiran y aman a Cristo, pero sobre todo a quienes desean imitarlo.

CAPÍTULO UNO

JESÚS Y EL DOLOR EMOCIONAL

Bienaventurados los que lloran,
porque ellos recibirán consolación.
Mateo 5:4

Hace quince años atrás, experimenté en mi vida un conjunto de pérdidas inesperadas, y aunque tenía mucho conocimiento científico y teórico para salir de esa crisis, porque ya entonces era terapeuta, profesora de conducta humana en la universidad, estaba estudiando un doctorado en consejería profesional y era líder en la iglesia, reconozco que lo que predominantemente me movilizó de ese desierto fue sentir que Jesús podía entenderme. El poderoso Señor que había conocido desde la adolescencia, había sido humano y pasó por el dolor emocional. Por lo tanto, podía ser empático conmigo, y no solo eso, sino que aún más allá, manifestaría sobre mi alma una consolación sinigual.

Jesús utilizó cada uno de los instantes de su vida, cada palabra que dijo y cada una de sus acciones para cambiar el destino de la humanidad. Él dividió en dos la historia, revolucionó al mundo con su manera de manejar las emociones, con sus estilos de intervenir con las personas y su forma de proceder ante las situaciones complejas. Él ha revolucionado mi vida también. El Arquitecto del Amor nos lleva a derribar las barreras del intelecto, los paradigmas, los dogmas, las costumbres y la lógica para que podamos vivir el hecho de que como Él venció, nosotros también podemos vencer. Jesús siempre salió triunfante ante las adversidades, incluyendo su propia muerte.

> Jesús siempre salió triunfante ante las adversidades, incluyendo su propia muerte.

Cuando el sufrimiento se cruza en nuestro camino y se asoma el frío invierno en el interior de nuestro ser, puede resultar complejo superar las dificultades. Pero podemos desafiarnos a ver e imitar al Gran Maestro. Nuestro amado Señor Jesús fue experimentado en quebranto, pero nunca se mostró turbado, nunca reflejó que estuviera contrariado, ni inseguro.

Todos nosotros, en algún momento, nos hemos enfrentado a la desilusión, desolación o traición. El Maestro de maestros, aun cuando las circunstancias que le rodeaban eran intrigantes, negativas y adversas, sabía crear una atmósfera de paz y bienestar. Al estudiar los Evangelios, queda muy claro que todo conspiraba en su contra, sin embargo, se mantenía ecuánime y siempre respondía a los desafíos de forma asertiva.

Jesús demostró una personalidad centrada en la sensibilidad. La poesía que salía de su interior hacía que, aun en medio de su más terrible tragedia, pudiera fijarse en los dolores ajenos. Podía contemplar lo bello por encima de todo. Fue creativo, afectuoso, observador y detallista. Tuvo la capacidad de ver la humillación en el corazón de una prostituta, la nobleza de la viuda que dio todo lo que tenía, el temor de una mujer que fue tomada en el acto de adulterio y condenada a lapidación, el encanto delirante de los niños que se le acercaban, notaba la gloria de los lirios del campo y derivaba lecciones de lo que observaba en los pajaritos.

> Jesús demostró una personalidad centrada en la sensibilidad.

Estoy absolutamente convencida que las ciencias de la conducta humana tienen mucho que aprender de Jesús. La forma en que Él dirigió a sus seguidores a la reestructuración del pensamiento, las técnicas que utilizó para animar, los métodos para motivar, la exhortación al desarrollo del amor, del perdón y de la vivencia de la paz, son impresionantes y también totalmente efectivas. Es imposible conocerle, tratar de imitarle y no ser transformado. Adentrarnos en su personalidad nos guía irremediablemente a mejorar la calidad de nuestras vidas y lograr una sanidad total.

Jesús lloró

El Señor vivió profundos episodios de tristeza y dolor emocional. Inclusive, desde el Antiguo Testamento estaba profetizado. En Isaías 53:3 dice: *"Despreciado y rechazado por los hombres, varón de dolores, hecho para el sufrimiento"* (NVI).

Jesús lloró en distintas ocasiones. Registra la Biblia que lloró cuando murió su amigo Lázaro (Juan 11:35) y también luego de haber entrado triunfalmente a Jerusalén y ver la ciudad (Lucas 19:41). Y posiblemente lloró en muchas otras ocasiones que no nos fueron reveladas.

Así que con la autoridad de quien ha llorado dijo: *"Bienaventurados los que lloran, porque ellos recibirán consolación"* (Mateo 5:4). La palabra "llorar" que se usa aquí es muy amplia. Podemos sentir que se refiere a una experiencia profunda de aflicción, abatimiento, angustia o dolor. En realidad, esta palabra se dirige a los que están sufriendo mucho. ¿Te identificas con esto? Puedes entonces recibir la palabra de esta forma:

> *"Son más que dichosos y felices aquellos que están sufriendo tristeza, desánimo y hasta depresión, los que se sienten rechazados, que han perdido su autoestima, a quienes las circunstancias no les están dando mucha esperanza".*

Nos podemos preguntar: ¿Pero qué paradoja es esta de que van a ser dichosas las personas atrapadas en angustias de experiencias desgarradoras? La respuesta es que hay una poderosa promesa detrás: "Serán consolados". Esas gloriosas palabras aluden al hecho de una consolación que se da, no como letra muerta, sino experimentando cómo las condiciones de nuestros pensamientos y sentimientos son transformados hasta disfrutar el gozo en medio del peor quebranto. "Serán consolados" es el cambio en el estado de la mente, una nueva visión, una nueva experiencia refrescante, de alegría, aliento y fuerza. Pude comprender, en mi momento de crisis, que estaba siendo dichosa al estar deprimida, porque disfrutaría otra vez de la vida y recobraría la capacidad perdida para ser feliz.

El resultado ha sido más que eso, porque gracias a tan particular experiencia me siento mucho más capacitada para comprender a mis pacientes cuando llegan a mi clínica sumergidos en el dolor. Los entiendo, no solo por lo que he estudiado y leído sino, sobre todo, ¡porque yo lo he vivido! ¡Qué bueno que puedo decirles: Jesús te llama bienaventurado y experimentarás consolación! Que soy testigo de que el Señor lo hace, con compasión, porque Él también lo vivió. Puedo decir que esa experiencia me ha catapultado e inspirado a enseñarles a miles de personas que con Cristo se puede ser feliz, independientemente de las circunstancias que les rodean, y que lo que parece ahora un laberinto sin salida es una oportunidad de Dios para

> "Serán consolados" es el cambio en el estado de la mente, una nueva visión, una nueva experiencia refrescante, de alegría, aliento y fuerza.

revelar su gloria a través de ti. ¡Gloria a Dios, he sido consolada para consolar!

Jesús venció

La psicología de Jesús al manifestar la bienaventuranza de que los que lloran serán consolados, subraya que el gozo que viene, acompañado al quebrantamiento, es inevitable. Es decir, después de la crucifixión, viene la gloria y la resurrección. Jesús no se quedó en la cruz, tú tampoco. Jesús venció, tú también vencerás.

> Después de la crucifixión, viene la gloria y la resurrección. Jesús no se quedó en la cruz, tú tampoco. Jesús venció, tú también vencerás.

Muchas de las experiencias tristes que llegan a nuestra vida ocurren sin nosotros tener control de ellas, pero dejar de disfrutar el gozo del consuelo sí puede ser nuestra decisión. Es abrazarnos a la cruz y no querer soltarla. Esto es así cuando preferimos el rol de víctimas en lugar de vivir una identidad de victoria. No veo a un Jesús víctima cuando se enteró de la muerte de su amigo Lázaro. Lloró porque sintió compasión, lo que nos hace ver que aun siendo el Maestro, una figura pública ministerial, se dio el permiso de sentir y ventilar sentimientos, sin importarle que otros lo vieran. Pero asumió control de la tristeza cuando decidió creer que eso que estaba ocurriendo serviría para que otros creyeran en el poder de Dios. Jesús, en medio de su tristeza, experimentó la seguridad de que el Padre estaba en control, que no le fallaría, y tuvo la confianza de que al final, todo estaría bien. Hacía cuatro días que Lázaro estaba muerto, su cuerpo ya apestaba, pero el Señor, después de las lágrimas, creyó que Dios estaba trabajando a favor de su consolación y que la vida se manifestaría.

Disfrutar del gozo de la consolación es una elección que solo nosotros mismos podemos tomar. No depende de ninguna otra persona. Puede ser que tengas personas a tu alrededor tratando de alentarte y darte esperanza, pero si tú no quieres, nada va a suceder para la transformación en tu interior. Lo que revela Jesús a los que lloran, cuando Él sabía muy bien lo que es llorar y sufrir, es que el gozo del consuelo no tiene que depender de la cantidad de tristeza que se enfrenta. Experimentar el consuelo de Dios no puede ser aplastado por el dolor, las desilusiones, las traiciones, las pérdidas o las heridas. Reconozco que hay experiencias que verdaderamente nos conmueven y nos confunden, pero finalmente se puede abrazar la fuente inagotable del consuelo de Dios. Esto fue lo que le ocurrió a una paciente valiente a quien he estado interviniendo.

Cuando llegó a terapia, se había casado hacía pocos meses con el amor de su escuela superior, un noviazgo que duró aproximadamente seis años. Su esposo era una persona extremadamente buena, caritativa, amable y servicial con todo aquel que conocía. La paciente identifica que cuando se

> Disfrutar del gozo de la consolación es una elección que solo nosotros mismos podemos tomar.

> Hay experiencias que verdaderamente nos conmueven y nos confunden, pero finalmente se puede abrazar la fuente inagotable del consuelo de Dios.

casó sentía que su vida se encontraba en su punto máximo de felicidad, pues ambos habían obtenido un grado universitario y un empleo en su profesión. Pero en solo unos meses, su vida dio un giro dramático, porque su esposo fue asesinado. Para ella, inicialmente fue una tragedia, la peor experiencia que podría haber experimentado. Durante meses se encontró perdida, severamente triste y con mucho coraje con Dios. Se preguntaba: *¿Cómo es posible que Él hubiera permitido que esto me pasara? ¿Acaso Dios no me ama?* Le cuestionó a Dios, una y mil veces, la misma interrogante: Si él siempre se preocupó por hacer el bien, ¿por qué le sucedió eso? ¡Qué difícil se le hacía levantarse sabiendo que su esposo no estaría más junto a ella en este plano terrenal! Por mucho tiempo no podía creer que todo esto fuera cierto y no podía resignarse a perderlo. Muchas veces en terapia se preguntaba: *¿Por qué se fue cuando más lo amaba? ¿Por qué le arrebataron la vida de esa manera? ¿Qué sentido tiene todo esto?* Manifestaba que durante mucho tiempo sentía literalmente un hueco inmenso en su corazón. En ocasiones, lo sentía más intenso que otros días. Le dolía tanto vivir así, sin su esposo. Cuando le pedí a la paciente que me describiera cómo era su esposo, me dijo que era de esas personas que realmente la entendía, fue la persona que la llevó de la mano a todos los lugares, incluyendo el altar. Ella se aferraba a la idea de seguir en la misma situación, en aquel hoyo profundo. Cuando en el proceso terapéutico le proponía que realizáramos ejercicios para dejarlo ir, se resistía, porque era como perderlo para siempre. Luego de una gran batalla espiritual, una infinidad de preguntas, reclamos hacia Dios, sumergirse en una tristeza inmensa, decidió buscar ayuda y comenzar a asistir otra vez a la iglesia. Ahora puede decir que ha visto el consuelo de Dios y de cómo poco a poco está experimentando la transformación de lo que fue una gran tragedia en su vida. Aún se encuentra en el proceso de sanación, pero confía en que todo obra para bien, para aquellos que creen en Jesús y que finalmente vencerá. Ha logrado reconocer que en sus peores días, el Señor ha estado ahí.

Jesús feliz

¡Qué bueno saber que el Señor nos ha acompañado, tanto en los inviernos más crueles como en las más despampanantes primaveras de nuestra vida! Él ha estado en la tristeza con empatía, porque sabe de tristezas. Pero también ha estado en la alegría. Creo que el Señor ha estado también con nosotros en las bellas carcajadas, porque aunque pasó por dolor, también dentro de su perfil psicológico, Jesús era y es feliz. Así lo declara en una de mis porciones bíblicas favoritas: *"…para que tengan mi alegría y así su alegría sea completa"* (Juan 15:11, NVI).

Históricamente, a través de la literatura y las artes, se nos ha presentado la imagen eterna de un Jesús triste, derrotado, serio y sombrío. Esto pudiera dar la sensación de no ser un reflejo de algunos episodios en su vida, sino la descripción de la totalidad de su ser. Cuando leo en la Biblia que el Señor Jesús participó de fiestas, bodas e invitaciones a casas a comer (Lucas 7:34) visualizo a Jesús alegre, dinámico y lleno de gozo.

Confieso que una de las obras artísticas que más me ha impresionado es "La Piedad" de Miguel Ángel. Esta es la obra en que María sostiene en sus brazos a Jesucristo, luego de que cayera inerte de la cruz. No solo impresiona por la belleza del mármol, sino porque está llena de ternura. Cuando mi esposo y yo hicimos una visita turística a Roma en el año 2012, quedé absorta mirándola. Pero estoy segura que aunque casi siempre se presenta al Señor en su día más terrible, también tuvo otros días muy bellos en los que vivió plenamente y disfrutó hasta de las cosas más sencillas.

Jesús vino al mundo a morir por nosotros, esta es la manifestación más grande del amor de Dios por la humanidad. Él es nuestro Salvador, y la salvación vino a nosotros por su sacrificio y su dolor. Estoy convencida que en cuanto a lo que vivió nuestro amado Señor Jesús, muchas representaciones se quedan cortas para manifestar lo que padeció. Es bueno para nosotros recordarlo, saber lo que tuvo que pasar por obediencia al Padre que nos ha amado tanto. ¡Pero no debemos perder de perspectiva al Jesús alegre, lleno de plenitud, victoria, autoridad y vida! ¿No te parece que Jesús debió haber tenido una personalidad cautivante y carismática para que la gente le buscara y le siguiera? Me imagino que tú, al igual que yo, prefieres estar con gente feliz. Las multitudes querían estar con Jesús.

Un amigo que está pasando por un evento muy duro en estos momentos de su vida me envió al correo electrónico una carta que le hizo al Señor, manifestándole cómo se sentía en cuanto a sus angustias, pero a la vez reconoce que Él es el manantial de gozo y plenitud.

> *"Amado Jesús:*
> *¿De dónde sale tanta tristeza en mi corazón? ¿De dónde sale tanto dolor? Saber que he perdido el trabajo y saber que perdí el amor. ¿Cómo puede esto*

*pasar Jesús? ¿Es que no tengo fe o es que estoy fuera
de tu voluntad? Jesús, solo tú me puedes entender.
Jesús, solo tú conoces mi corazón. Jesús, solo tú.*

*Ayúdame, Jesús, a no olvidar que pagaste un pre-
cio por mí en la cruz con tu sangre. Que yo pueda
saber que por encima de mi transitorio dolor, tú me
das paz y sanas mis heridas en la cruz. Más allá de
mi dolor, eres mi esperanza. Señor Jesús, hoy reconozco que eres mi consuelo, y que tu Espíritu Santo
me mostrará el camino hacia un cántico nuevo.*

¡Te amo Jesús!"

Cuando la leí, le escribí a ese amigo y declaré una palabra
sobre él. Y tal vez hoy, amado lector, tú también la necesitas:

*"Él volverá a llenar tu boca de risas y tus labios con
gritos de alegría".*

—Job 8:21, NTV

*"...el Señor tu Dios está en medio de ti como guerrero
victorioso. Se deleitará en ti con gozo, te renovará
con su amor, se alegrará por ti con cantos".*

—Sofonías 3:17, NVI

ORACIÓN PARA VENCER EL DOLOR EMOCIONAL

Amante Dios y Padre celestial:

*Me presento delante de ti con toda disposición de
llenarme de amor, armonía, paz y bienestar. Ayúdame*

a vivir la vida que tú deseas que yo viva. Estoy dispuesto y preparado a estar libre de temores, dudas, miedos, incertidumbres y angustias.

Confío en ti. Cuando mi corazón sienta tristeza, decido confiar en ti. Cuando mi mente esté abrumada, decido confiar en ti. Cuando mis esfuerzos humanos no sean suficientes, decido confiar en ti.

Amo darme cuenta de que tu gracia es mi fortaleza. Amo la verdad de que tú eres mi fuente y mi provisión. Amo la paz que trae tu presencia. Yo confío en ti. Por encima de todo golpe emocional, escojo ser libre. Yo confío en ti.

En el poderoso nombre de Jesús.

Amén.

EJERCICIO

Te invito a que reflexiones, contestes y apliques:

¿He tenido dificultad para experimentar el consuelo que proviene de Jesús cuando he estado sufriendo?

¿Me he concentrado más en el dolor que en las múltiples bendiciones que tengo?

¿Habrá algún pensamiento o creencia que me impida disfrutar de una vida de gozo?

¿Cómo te hace sentir el hecho de que Jesús te entiende en tu dolor porque Él experimentó sufrimiento?

Construye una lista de 10 cosas que tienes en tu vida y que te hacen feliz. Puedes darte el permiso de construirla sonriendo.

1.

2.

3.

4.

5.

6.

7.

8.

9.

10.

CAPÍTULO DOS

EL COMBATIENTE DE LA TRISTEZA

Yo les he dicho estas cosas para
que en mí hallen paz. En este mundo
afrontarán aflicciones, pero ¡anímense!
Yo he vencido al mundo.
Juan 16:33, NVI

Dentro de la experiencia psicológica, Jesús conocía y estaba muy claro de cuán complejo puede ser asumir control sobre nuestras emociones. Pero a la vez, dominarlas es totalmente posible. A lo largo de mi carrera profesional y como investigadora de la conducta humana, me he dado cuenta que las personas se sienten muy frustradas con la falsa idea de que las emociones les dominan y que no tienen ningún control sobre éstas.

Todos pasamos por situaciones en la vida que nos conducen a estar bajo los mantos de la tristeza y la inseguridad. No existe la persona que cuando llegan las experiencias de dolor, traición y pérdidas, no sienta desolación y angustia. Jesús, en su experiencia humana, también lo vivió.

Hay quienes, mostrando dificultad para excavar en lo interior, ponen barreras y encierran los asuntos emocionales en un baúl. Esos asuntos quedan encerrados, pero no resueltos. Existen las personas que lloran hacia adentro y no hacia afuera. Y mientras no se resuelvan para darle una conclusión saludable a las experiencias de dolor, quedarán ahí y saldrán de alguna manera. Lo complejo de esto es que pueden salir con una depresión, dado a que muchas depresiones son resultado de tristezas acumuladas que fueron reprimidas.

> Las personas que logran superar las limitaciones psicológicas son más saludables, lindas, emprendedoras, inteligentes y, sobre todo, felices.

Las personas que logran superar las limitaciones psicológicas son más saludables, lindas, emprendedoras, inteligentes y, sobre todo, felices. Quien se aferra a la filosofía de que la vida es bella y que, por encima de las dificultades que se presenten, vale la pena vivirla, se convierten en agentes transformadores de su realidad y viven de manera plena.

Nuestro amado Señor Jesús, sin lugar a dudas, fue un luchador y combatiente de la tristeza. Psicológicamente hablando, todos los días se le presentaban situaciones complejas que eran para que viviera en una depresión constante. Era perseguido, criticado, tentado, traicionado y probado. Sin embargo, se proyectó en control de sus emociones y con una personalidad balanceada. Y no solo para Él, sino que también lo promovía en los demás.

Esto lo vemos claramente en el momento en que Jesús estaba próximo a morir y los discípulos estaban a punto de tener la gran pérdida de su Maestro. Jesús debió haber estado sufriendo dentro de sus procesos emocionales, porque iba a partir y sabía que se enfrentaría a un martirio físico y psicológico. Sin embargo, buscó producir alegría en un momento de tristeza. En medio de su oración, habla de felicidad. Él dijo: *"...para que tengan mi gozo cumplido en sí mismos"* (Juan 17:13). ¿Cómo puede alguien hablar de alegría cuando está tan cerca de tal ejecución? ¿Cómo puede alguien hablar de placer emocional cuando se ha conspirado tan injustamente en su contra? Lo hizo así porque esta gran lección no solo era para los discípulos, sino también para ti y para mí. Por encima de cualquier situación, podemos abrazarnos esencialmente a la actitud de hablar de gozo.

> Por encima de cualquier situación, podemos abrazarnos esencialmente a la actitud de hablar de gozo.

Jesús sabía que después del proceso tan doloroso que estaba próximo a vivir, vendría una victoria que no tendría final. Él sabía lo que el Padre haría. Por eso, querido lector, si en estos momentos estás pasando una prueba y estás sufriendo, evalúa dentro de la tristeza, ¿qué es lo que no estás creyendo que Dios pueda hacer? Recuerda que nada es difícil para Dios y que no existe, ni existirá la montaña que no pueda ser movida con su poder.

El rol de víctimas

Hay personas que utilizan la postura de "víctimas". Cuando hacen esto están perpetuando la tristeza. La "postura de víctima" es una postura mental en la que la persona está teniendo un modo subjetivo de interpretar los sucesos insatisfactorios de su vida, de modo tal que siempre ella termina siendo la damnificada y los demás terminan siendo siempre los culpables que le han hecho daño.

Desde la perspectiva psiquiátrica, Jesús tenía todos los elementos para sentirse víctima. Sin embargo, nunca se reflejó a sí mismo como tal. El hombre que cargó sobre sí mismo el peso de las faltas de todo el mundo, se mostraba en control de sus emociones. De hecho, fue una persona bien valiente y esforzada, que es lo contrario a ser víctima. Personalmente, Jesús tenía convicciones e ideas muy distintas a las de la sociedad que le rodeaba. Él rompía los paradigmas de esa cultura y de ese momento histórico, y hablaba de lo que creía con mucha tenacidad.

> Jesús tenía todos los elementos para sentirse víctima. Sin embargo, nunca se reflejó a sí mismo como tal.

También demostró que impulsaba a sus seguidores a no ser víctimas tampoco. Los que estaban en posiciones de poder le temían al mayor pacificador de todos los tiempos, precisamente porque impulsaba a la gente a transformarse en personas activas y siempre provocaba que la gente hablara de sus pensamientos. Queda claro, en todos los Evangelios, que Jesús enseñaba preguntando. Él estimulaba el autocontrol y la inteligencia para que pudieran liberarse. A quienes, precisamente, eran considerados como marginados, despreciados y víctimas de la sociedad, fue precisamente a quienes el Señor revolucionó más.

> A quienes, precisamente, eran considerados como marginados, despreciados y víctimas de la sociedad, fue precisamente a quienes el Señor revolucionó más.

Jesús levantó a los caídos. Por eso, te invitamos a que si has estado asumiendo un rol de víctima, hoy decidas soltarlo. Nunca vemos al Maestro refiriéndose a las personas como: "víctima", "pobrecito", "qué mal te tratan", "no te mereces esto", ni ningún otro adjetivo como estos. Si hubiera sido así, solo hubiera logrado que se instalaran en posturas de resignación e indefensión. Jesús de Nazaret les decía: "Levántate"; "camina"; "sal fuera"; "¿qué tú quieres?".

Jesús sabía que las personas que han adoptado el rol de víctimas, se han transformado en espectadores de su propia vida, en vez de ser los protagonistas. El Señor hizo a las personas protagonistas estelares de sus transformaciones. A tal grado, que a esas personas que empoderó las hizo famosas hasta el día de hoy, y son utilizadas en sermones, conferencias, congresos, películas y libros a través del mundo entero.

A este punto podemos preguntarnos: ¿qué es lo que lleva a una persona a querer asumir el rol de víctima? Hay muchas situaciones que pueden inducir a una persona a adoptar este patrón de comportamiento. Algunas son:

- Criarse en un ambiente de constante compasión de forma excesiva.

- Ser sobreprotegido durante sus primeros años de vida.

- Aprender el papel de víctima de uno de sus padres.

- No superar emocionalmente la etapa de niño.

- No tener control sobre lo que le sucede.

Muchos de los que asumen el papel de víctima en forma constante, son aquellos que efectivamente fueron víctimas de algún tipo de abuso en algún momento de su existencia, siendo casi siempre en la niñez, y ese abuso fue emocional, físico o sexual. Aunque el tiempo haya transcurrido, ellos no saben cómo desempeñar otro rol, no han podido superar el pasado y han quedado atrapados en ese papel.

Por lo general, estas personas dan vueltas y vueltas en su mente y así alimentan más y más el pensamiento de que aquello que les está sucediendo es una injusticia o una tragedia. Muchas veces, esta batalla mental logra exteriorizarse, y así encontramos gente que gusta de pasar gran parte del día relatando sus penas y dramas personales.

El perfil psicológico de la persona que se arraiga al rol de víctima incluye sensaciones de pérdida de control, pasividad, impotencia, desconfianza, pesimismo, autoreproches, altos grados de culpabilidad y vergüenza, hasta llegar incluso a estados depresivos que la mantienen aún más aislada del mundo. Esas personas buscan, todo el tiempo, compasión y lástima de otros. Tratan de conseguir que otros validen sus sentimientos y que le reafirmen que este "victimario" sí es una persona realmente muy mala. Luego, suelen manipular a otros, sobre todo a sus hijos. Todo esto las lleva a la soledad, porque las personas que están a su lado tienden a alejarse.

> Quien se haya prolongado a sí mismo a ser una víctima psicológica es un profesional del sufrimiento, toma una actitud pasiva ante la vida y le cuesta adaptarse a las distintas circunstancias.

Quien se haya prolongado a sí mismo a ser una víctima psicológica es un profesional del sufrimiento, toma una actitud pasiva ante la vida y le cuesta adaptarse a las distintas circunstancias. Sigue un ciclo: sentirse herido, mortificarse, generar compasión y manipular a otros para que actúen en su defensa. El problema es que nunca llega a la raíz del conflicto para así poder eliminar aquello que le causa dolor o para ser capaz de cambiar su modo de reaccionar a lo que le sucede.

La buena noticia es que siempre se puede cambiar. Puede ser que, cuando niño, hayas sufrido por algún evento que estaba fuera de tu control, pero hoy en día, ya como adulto, no eres impotente. Toma consciencia de que eres protagonista de tu propia vida. Incluso puedes decidir cómo sentirte. Nadie más tiene el control sobre tu estado interno, tus pensamientos y sentimientos. Tú eres quien tiene el control. Esta fue la forma en que Jesús intervino con las personas. El Señor enalteció las capacidades del ser humano y promovió el derecho de que tomaran decisiones.

> El Señor enalteció las capacidades del ser humano y promovió el derecho de que tomaran decisiones.

Las palabras que el Maestro pronunció en su transitar por la tierra tienen que ver con no dejarse abatir por el pesimismo y la desesperación. Él dijo:

"Yo soy la luz del mundo; el que me sigue, no andará en tinieblas, sino que tendrá la luz de la vida".

—Juan 8:12

"...todo aquel que pide, recibe; y el que busca, halla; y al que llama, se le abrirá".

—Mateo 7:8

"...no se angustien por el mañana, el cual tendrá sus propios afanes".

—Mateo 6:34, NVI

"Estas cosas les he hablado para que en mí tengan paz. En el mundo tendrán aflicción; pero confíen, yo he vencido al mundo".

—Juan 16:33, RVC

"...ustedes llorarán y se lamentarán por lo que va a sucederme, pero el mundo se alegrará. Ustedes se lamentarán, pero su dolor se convertirá de pronto en una alegría maravillosa".

—Juan 16:20, NTV

Utiliza tu imaginación y tu voluntad para crear una nueva realidad para ti, una realidad llena de maravillas para disfrutar y por las cuales agradecer cada día. Jesús, teniendo constantemente enemigos al acecho, hablaba del poder de cambiar las circunstancias en su nombre. ¡Usa tú ese control que el Señor ha puesto en tus manos, para cambiar tus estados anímicos y ser feliz! Es una decisión.

¿Cuál es la diferencia entre tristeza y depresión?

La depresión clínica es una enfermedad grave y común que nos afecta física y mentalmente en nuestro modo de sentir y pensar. Los síntomas de depresión y tristeza, en muchas ocasiones, son difíciles de diferenciar debido a sus similitudes. Sin embargo, existen estudios científicos y determinados comportamientos que ayudan a detectar las características de cada uno de estos estados emocionales.

La tristeza es un estado de ánimo normal, que forma parte del espectro emocional de las personas. Estar triste es una reacción a circunstancias particulares, como la pérdida de un ser querido o trabajo, una separación, un accidente, el diagnóstico de una enfermedad, una traición, una noticia inesperada, o incluso puede ser provocada por cambios hormonales, tanto en las mujeres como en los hombres.

La depresión es una enfermedad en la que la persona se encuentra en un estado de profunda tristeza o angustia. Una depresión mayor o severa es cuando la persona está consistentemente triste por dos semanas o más. La persona con depresión es incapaz de enfrentarse a situaciones normales que pueden ser superadas fácilmente por cualquier persona en condiciones normales. Vale la pena destacar que la tristeza se convierte en depresión cuando la persona se vuelve incapaz de afrontar su día a día, cuando las emociones le limitan, y los sentimientos depresivos duran más tiempo de lo normal.

Las reacciones de tristeza suelen ser momentáneas, durando horas o hasta algunos días. Permanecen mientras está presente el estímulo o la situación que causa la tristeza, en lo que la persona logra hacer los ajustes. Una vez se realiza la adaptación, la persona regresa a un estado anímico normal.

Síntomas de depresión

- Tristeza sostenida y llanto frecuente por dos semanas o más.

- Disminución o desaparición del interés y la capacidad de disfrute por las cosas que anteriormente resultaban placenteras.

- Alteraciones del sueño; especialmente es frecuente la incapacidad de conciliar el sueño, dormir en intervalos o despertarse al menos dos horas antes de la hora prevista.

- Empeoramiento progresivo durante el día del humor depresivo.

- Aparición de lentitud en las funciones motoras o agitación.

- Disminución marcada del apetito.

- Comer en exceso.

- Disminución del peso corporal por descontrol alimentario.

- Disminución marcada o ausencia de apetito sexual.

- Pérdida de la autoestima y de la confianza en uno mismo.

- Autoreproches constantes y desproporcionados con sentimiento de culpa excesiva e inadecuada.

- Pensamientos de muerte o suicidio recurrentes, incluyendo tentativas.

- Disminución de la capacidad de concentración y pensamiento. Suele acompañarse de falta de decisión.[1]

Nota: Si detectas algún síntoma de depresión, es importante que acudas de inmediato a tu médico para un diagnóstico oportuno.

Cristo se entristece en gran manera

En Mateo 26:37 se registra que Jesús *"comenzó a entristecerse y a angustiarse en gran manera"*. El preludio a su muerte estuvo acompañado de tal nivel de angustia, que me atrevo a decir que el Señor experimentó estados de ánimo deprimidos. Esta no era la esencia de la personalidad de Jesús. Fue un episodio por lo que estaba viviendo en ese momento. Era muy sociable, asistía a las casas para ir a comer y hacer nuevos amigos. Al hombre que le gustaba rodearse de niños, sanaba a los enfermos, sentía compasión por los leprosos, dignificó a las mujeres sin importar su reputación, que era amigo de los publicanos y asistía a fiestas; le tocó llegar al umbral de la crisis.

El que contagiaba a todos con su forma de ser, carisma, sensibilidad, ternura, amor, demostración de poder y autoridad, le tocó enfrentarse al dolor emocional más terrible. De hecho, esta era parte de la misión por la cual Él debía ser experimentado en todo tipo de quebranto. Encima de eso, estaba expuesto a un ambiente totalmente hostil y todo apuntaba en su contra. El Gran Maestro de Nazaret, al que nunca le interesó la popularidad, ni la fama, y que hablaba incansablemente de saciar la sed del alma, ahora estaba profundamente triste. No era para menos: iba a morir por todos los pecados de la humanidad.

En el tránsito de la vida de Jesús, y todo cuanto está registrado en sus años de ministerio, nunca lo vemos como una persona negativa, ni derrotista. Es muy claro ver cómo, aún en los momentos de mayor tensión, Él procuraba mantener la calma. De hecho, hasta su sueño era tranquilo en medio de la tempestad.

> En el tránsito de la vida de Jesús, y todo cuanto está registrado en sus años de ministerio, nunca lo vemos como una persona negativa, ni derrotista.

Jesucristo NO era una persona depresiva, más bien lo podemos ver como una persona animada y que animaba. Aunque Él señalaba las áreas de mejoramiento en los seres humanos, sus críticas eran muy asertivas, y siempre eran acompañadas por el elemento de la compasión. Nunca lo vemos en estado de abatimiento por los errores y faltas de otra gente. Demasiadas personas estaban en su contra, pero lo vemos siempre firme y dirigido al cumplimiento de su misión.

El Jesús hombre siempre supo lo que iba a enfrentar, y fue totalmente normal que ya próximo al martirio, sintiera tan profunda tristeza y tan alto nivel de angustia. Sin embargo, ¡tenemos que aprender tanto de Él! Podemos llegar a ese nivel que Jesús llegó de mirar más allá de las dificultades. Vencer las derrotas y no darle tanta importancia a cosas que realmente no la tienen. No condenar, ni hacernos víctimas, sino levantar y levantarnos. A no actuar por impulsos emocionales, ni tener actos de grandeza con el fin de promovernos. A pensar en forma madura, alzando siempre la bandera del amor. A no guardar rencores.

> Podemos llegar a ese nivel que Jesús llegó de mirar más allá de las dificultades.

A contemplar más allá de la miseria de las personas y activar el conocimiento de que muy pocos actúan a plena conciencia para hacer daño. Aprendamos del Maestro más grande en la historia del planeta, que después de los inviernos más rigurosos pueden surgir las más bellas primaveras, y que cuando más oscura está la noche es porque se anuncia el esplendor de un nuevo amanecer.

Algunos personajes bíblicos que sufrieron profunda tristeza

Jacob

Llegó un momento en la vida de Jacob donde sintió una profunda tristeza. Se había quedado sin nada, ni siquiera tenía donde recostarse. Se detuvo en el camino y utilizó una piedra para descansar. Allí, durmiendo sobre la piedra, tuvo un sueño donde veía una escalera que conectaba la tierra con el cielo. En esa escalera había ángeles que subían y bajaban (ver Génesis 28:11–12). Me preguntaba: ¿por qué los ángeles están subiendo y bajando? Luego entendí que los ángeles subían y bajaban la escalera, porque estaban trabajando a favor de Jacob. Dentro de la tristeza, aun cuando ya hayamos caído en el suelo, rendidos, podemos tener la seguridad de que Dios está trabajando en aquello que, en el ambiente natural, no podemos percibir. Podemos escuchar la voz de Dios más allá como la escuchó Jacob, diciéndole al final de la escalera que ni una sola palabra de la que Él le había prometido quedaría sin cumplirse (v. 13–15).

Elías

Elías fue un hombre que había sido testigo del poder sobrenatural de Dios, pero ahora está en tal grado de angustia que le pide a Dios morir. *"Y él se fue por el desierto un*

*día de camino, y vino y se sentó debajo de un enebro; y
deseando morirse, dijo: Basta ya, oh Jehová, quítame la
vida, pues no soy yo mejor que mis padres. Y echándose
debajo del enebro, se quedó dormido"* (1 Reyes 19:4–5).
Jezabel lo buscaba para matarlo, y él huía para salvar su
vida. Sin embargo, le pide a Dios que le quite la vida. ¿Por
qué esta contradicción? Porque estaba confundido y asustado, y eso le hacía creer que la vida no tenía sentido. Él se
sentía mal y ya no le veía propósito a su vida. Elías ya no
quería seguir luchando. Pero el favor y la gracia de Dios le
alcanzaron en el desierto, porque Dios siempre nos encuentra allí. El Señor hace por Elías cosas tan elementales como
alimentarlo y darle de beber, porque el nivel de tristeza en
el cual se encontraba lo había llevado a la inapetencia total.
Luego, le dio una tarea importante, le renovó su llamado y
le declaró su confianza.

Jeremías

Otro hombre que se enfrentó a la tristeza y frustración
fue Jeremías. Él le oró a Dios y le dijo cómo se sentía sobre
el pueblo que le había puesto a su cargo, y la respuesta de
Dios fue: Métete conmigo y te mostraré cosas grandes y ocul-
tas que tú no conoces (ver Jeremías 33:3). O sea, el antídoto para la tristeza y la frustración es entrar en la presencia
de Dios, porque allí y solo allí podrás verla verdad de las
cosas y recibirás consolación. En la presencia de Dios está
la llenura y es donde se rocía su unción y su amor. Nada
hay más confortante que sentir el amor de Dios. Cuando
sentimos su amor sabemos que todo está en control y en
las manos del que me ama, y su unción me da la autoridad
sobre todas las circunstancias.

Moisés

Este gran hombre de fe, un verdadero modelo de quien se dice que *"se sostuvo como viendo al Invisible"* (Hebreos 11:27), se sentía cansado de la desobediencia del pueblo. Las quejas constantes y las críticas le abrumaron. Se sentía muy solo. Estaba agotado. Su espíritu desfallecía. Números 11:11 establece que Moisés le dijo a Dios: *"Si yo soy tu siervo, ¿por qué me perjudicas? ¿Por qué me niegas tu favor y me obligas a cargar con todo este pueblo?"* (NVI). Dios intervino y le dio las soluciones. En medio de la tristeza, cuando le hacemos preguntas a Dios, Él se encargará de contestarnos para darnos dirección. Te invito a que esperes pacientemente la respuesta.

Asaf

El autor del Salmo 77 estaba en una condición emocional en la cual su alma rehusaba el consuelo. Este piadoso hombre, quien era el líder nacional de adoración, estaba en tal desesperación, que nada que le dijeran lo podía sacar de su condición. Ni Asaf mismo podía pronunciar palabra: *"…estaba yo quebrantado y no hablaba"* (Salmo 77:4). La Biblia no nos dice qué causó este estado emocional en este hombre. Todo lo que sabemos es que su alma estaba tan cargada que no podía dormir, se quejaba, su espíritu desmayaba y pensó que Dios se había olvidado de tenerle misericordia. Pero realizó un ejercicio: se puso a recordar las bondades que Dios había hecho con él en el pasado (vv. 11–20). Si Dios lo había levantado antes, sin duda lo volvería a levantar ahora.

Consejos para superar la tristeza

Jesús siempre proyectó una gran seguridad en sí mismo. Para vencer la tristeza, debes creer en ti mismo. El Padre Dios te ve como a Jesús. Es decir, te mira como una persona fuerte y valiente. Es normal que haya unos días en los cuales nos dan deseos de abandonarlo todo. Pero, indiscutiblemente, hay que aprender a superar los obstáculos, sin perder de perspectiva quiénes somos y el poder que el Señor nos ha dado sobre las dificultades. Jesús dijo:

> El Padre Dios te ve como a Jesús. Es decir, te mira como una persona fuerte y valiente.

> *"En verdad, en verdad les digo: el que cree en mí, las obras que yo hago, él las hará también; y aún mayores hará…".*

> —Juan 14:12

Jesús no fue un castigador con la gente. Los ayudaba a levantarse de sus errores. Para superar la tristeza aprende que los errores no son errores, sino lecciones dentro de la escuela de la vida. La vida es un constante fluir y los errores son parte de la experiencia cotidiana. Esto es algo que debes saber y aceptar: ¡No eres perfecto! ¡Los demás no son perfectos! Todos estamos en ese proceso de alcanzar la estatura de Cristo. Perdónate por los errores cometidos. Recibe hoy las mismas

> Para superar la tristeza aprende que los errores no son errores, sino lecciones dentro de la escuela de la vida.

palabras que Jesús le dijo a la mujer tomada en el acto de adulterio:

"...yo no te condeno; vete, y no peques más".
—Juan 8:11

Vive en el presente y no en el pasado. Disfruta de este momento, que nunca más volverá a repetirse. Cierra las gavetas abiertas. No revivas el ayer, a menos que sea para derivar un fruto de armonía y gozo. De otra forma, trabaja el ayer como algo que se ha ido para siempre. Concéntrate en las cosas buenas que están pasando AHORA en tu vida. Si sientes tribulación por algo que ya pasó, agárrate de estas palabras del Maestro:

> Vive en el presente y no en el pasado. Disfruta de este momento, que nunca más volverá a repetirse.

"Venid a mí todos los que estáis trabajados y cargados, y yo os haré descansar".
—Mateo 11:28

Para soltar la tristeza, es vital dejar ir experiencias de dolor que has tenido con las personas. El perdón es la llave que nos libera de la tristeza de las heridas provocadas por la gente. Puede ser que alguien te haya hecho sufrir mucho, pero no tienes por qué seguir perpetuándolo en tu mente. Jesús dijo:

> El perdón es la llave que nos libera de la tristeza de las heridas provocadas por la gente.

"Y cuando estén orando, si tienen algo contra alguien, perdónenlo…".

—Marcos 11:25, NVI

Jesús habló del provecho de la aflicción. Comprende que el desierto es un lugar de transformación. Solemos asociar el desierto con crisis. Sin embargo, ese es el lugar donde nos dan forma, no solo para el cielo, sino para nuestra travesía aquí en la tierra. El desierto no es lugar de permanencia, sino de trascendencia. Es el lugar donde pasamos por procesos de muerte psicológica, para que otras cosas puedan ser vivificadas en nuestro interior. Jesús lo explica de la siguiente manera:

> El desierto no es lugar de permanencia, sino de trascendencia.

"En verdad, en verdad os digo que si el grano de trigo no cae en tierra y muere, queda él solo; pero si muere, produce mucho fruto".

—Juan 12:24, LBLA

ORACIÓN PARA VENCER LA TRISTEZA

Querido Dios, bendito y supremo Señor:
Admito que tú eres el consolador de los siglos. Admito que tú eres la fortaleza inquebrantable. Admito que tú eres el pronto auxilio en las tribulaciones. Admito que tú eres mi torre fuerte. Admito que tú eres mi escudo. Admito que tú eres el que levanta mi cabeza.

Reconozco que tú sabes todas las cosas. Reconozco que tú conoces lo que es mejor para mí. Reconozco que tu plan siempre es perfecto. Reconozco que tú me amas, como nadie me ha amado. Reconozco que en mi corazón hay tristeza por _____ (situación).

Abro mi mente y todo mi ser para comprender y aceptar las situaciones inesperadas que pueden sorprenderme en el camino de la vida, sabiendo que de todas ellas se obtiene como resultado un buen fruto. Todas obran para bien. Abro mi mente para recibir el discernimiento y la sabiduría para pasar esta prueba con gracia y esperanza. Abro mi mente para recibir las revelaciones, a través de tu Santo Espíritu, sobre cómo utilizar estas experiencias para mi crecimiento espiritual y emocional.

Me rindo a tus propósitos y te entrego todos mis "porqués". Lléname de paz. Lléname de gozo. Lléname de consuelo. Lléname de aceptación. Solo tú eres la fuente inagotable que lo llena todo. Gracias Dios, porque soy recargada en mi mente, mi cuerpo y mi espíritu.

En el poderoso nombre de Jesús.

Amén.

EJERCICIO

Te invito a que reflexiones, contestes y apliques:

Visualiza a Jesús caminando a tu lado: ¿De qué cosas se reiría contigo?

¿Qué cosas puedes hacer cuando te sientas triste?

¿Qué obstáculos identificas en tu vida para vivir una vida plena y de gozo?

¿Qué tienes que hacer para vencer esos obstáculos?

CAPÍTULO TRES

EL PRÍNCIPE DE LA PAZ

La paz os dejo, mi paz os doy;
yo no os la doy como el mundo la da.
No se turbe vuestro corazón,
ni tenga miedo.
Juan 14:27

D isfruto plenamente dar una caminata todas las mañanas. Este es mi momento favorito del día. Mi apartamento está localizado detrás del Jardín Botánico de Río Piedras en Puerto Rico. Esta es una de las razones por las que decidí adquirir esa propiedad. Estoy rodeada de árboles frondosos. Diferentes tipos de verde me hacen ver el buen gusto que tiene el Creador para la decoración. Puedo apreciar distintas flores tropicales de colores naranja y rojo intenso.

Una mañana de verano, el cielo azul turquesa resplandecía. El sol caribeño derramaba oro líquido creando figuras brillantes. Las cimas de las montañas se veían imponentemente gloriosas. Caminando a toda prisa, sudaba y mi energía se intensificaba, mientras estaba absorta y casi ciega a toda esa belleza extraordinaria. Por mi mente zigzagueaban algunas preocupaciones: organizaba un congreso para pastores en un hotel por tres días, montaba un evento para mujeres de sanidad interior al que asisten miles de participantes, mi clínica de consejería estaba llena de pacientes, remodelaba los baños en mi casa y manejaba algunas propuestas para nuevos proyectos. Las noticias en la prensa estaban llenas de negatividad: alza en los impuestos, baja en la economía, violencia, sequía y tragedia. Me sentía agotada y sobrecargada. Los sentimientos de miedo, frustración y ansiedad hicieron su entrada y se unían a la cacofonía de voces internas que me acompañaban por el camino de lo que podía salir mal, a la misma vez que peleaba con ellos, porque se suponía que yo no los experimentara cuando dedico mi vida, alma y cuerpo a enseñar a otros a no sentirse así.

Bruscamente, me sacó de mi ensimismamiento tóxico, la aparición fugaz de una paloma que por un pelo no se estrelló en mi cabeza. ¿Qué fue eso? ¡Cristo! Sentí que por poco me saca un ojo. Tan concentrada estaba en la multiplicidad de mi estrés que no me percaté lo cerca que caminé del vuelo de aquella paloma. Me le fui detrás con la absurda idea de que podía alcanzarla.

El afán y la ansiedad frente aquellos proyectos, que más bien son la contundente evidencia de que soy bendecida, me tenían bloqueada. Pero aquella paloma se convirtió en una paloma mensajera, porque luego de tener ese encuentro de primer tipo con ella, llegaron a mi mente las palabras del Maestro:

*"Así que, no se afanen por el día de mañana, porque
el día de mañana traerá su propio afán".*
—Mateo 6:34, RVA

Cuando la voz del Señor llega a una escena, todo el panorama cambia dramáticamente. De pronto, el casi accidente con la de pico y alas me pareció tremendamente divertido; no podía parar de reírme y luego pasó lo mejor. Comencé a sentir el sol en la cara y el aire en los cabellos. *¿Por qué me estoy preocupando tanto? El Señor está en control de todas las cosas; estoy viva; lo que me rodea es hermoso; mi trabajo en el Señor es fascinante; tengo salud; mi vida es bella y el futuro es bueno. Siempre he salido triunfante en todo lo que me he propuesto hacer, para que el nombre del Señor sea glorificado.* Pasé del melodrama a una sinfonía.

El día acababa de empezar y yo ya me lo estaba dañando viendo el vaso "medio vacío". Cayó de mis ojos la venda que tenía puesta y que no me dejaba ver la verdad, de que cada paso que daba en esa caminata es un milagro. De repente, me encontré llena de gratitud al Señor por todo el esplendor que me rodeaba. Una dulce sensación me envolvió y experimenté la paz de la que habla Jesús:

> *"La paz les dejo, mi paz les doy. No como el mundo la da yo se la doy a ustedes. No se turbe su corazón ni tenga miedo".*
>
> —Juan 14:27, RVA

Experimentar la paz que Cristo da es como una palanca de cambios que puede hacer pasar el mecanismo mental de la obsesión a la más sublime tranquilidad. Su paz nos hace ir del bloqueo a la creatividad, de la soledad a sentirnos llenos y del miedo al amor.

> Experimentar la paz que Cristo da es como una palanca de cambios que puede hacer pasar el mecanismo mental de la obsesión a la más sublime tranquilidad.

¿Cómo Jesús manejó la ansiedad?

Cuando te sorprendas aterrorizándote por cosas que parecen ir mal, por cosas que no comprendes o que no quieras pasar, acuérdate de que el Señor atravesó por momentos así. La escena de Jesús en Getsemaní es una de las que más amo de la Biblia. A mi entender es una de las revelaciones más sublimes de lo que enfrentó nuestro amado Señor. Nunca olvidaré cómo en una ocasión, sentados en la mesa del comedor de la casa, le leí a mi esposo Luis Armando esta porción bíblica, y cuando le miré, las lágrimas bajaban por sus mejillas.

Muchas veces la he predicado, y mientras más me adentro en lo que allí ocurrió, más mi alma es movida a adorar al Señor. En este relato encuentro cinco aspectos relevantes sobre el perfil psicológico de Jesús en cuanto a la ansiedad y la angustia: "[Jesús]...*se fue, como solía, al monte de los Olivos...*" (Lucas 22:39).

Vez tras vez encontramos que el Señor cuando se encontraba frente a una situación dolorosa, de crisis o angustia, siempre oraba primero. Jesús es un verdadero modelo de oración. Su comunión con el Padre era permanente. Todos sus movimientos más importantes estuvieron acompañados de la oración. Así lo vemos cuando oró por la multiplicación de los panes y peces, oró declarando las Escrituras al ser tentado en el desierto, oró antes de escoger a sus discípulos, les enseñó a sus discípulos a orar para que no cayeran en tentación, oró por la manifestación de un poderoso milagro frente a la tumba de su amigo Lázaro, y oró en la cruz suplicando que el Padre perdonara a quienes lo habían crucificado. Que la oración sea para nosotros también la herramienta por excelencia y el antídoto más poderoso contra la ansiedad.

La oración era para Jesús un vehículo para mostrar su ser, y Él era bien genuino con el Padre. Jesús no representaba una dramatización. Desnudaba sus inquietudes, anhelos y frustraciones frente al Padre.

> Vez tras vez encontramos que el Señor cuando se encontraba frente a una situación dolorosa, de crisis o angustia, siempre oraba primero.

> La oración era para Jesús un vehículo para mostrar su ser, y Él era bien genuino con el Padre.

En la experiencia de Getsemaní, Jesús se muestra tal cuál es y revela tal y cómo se siente. Al estudiar la experiencia de Jesús en su oración, observamos que no había ni una gota de fingimiento. Es muy triste cuando nosotros, como resultado de nuestros temores y nuestras inseguridades, disfrazamos nuestros sentimientos, aun frente a Dios. Te exhorto a usar la oración como un espacio para ventilar tu vulnerabilidad.

"Pero no se cumpla mi voluntad, sino la tuya".
—Lucas 22:42, NVI

Jesús fue claro con el Padre sobre lo que Él quería. Seguramente, la ansiedad de Jesús estaba asociada al tipo de tortura y muerte que iba a pasar. Sufrió y se angustió. El Señor le manifestó que prefería que esa copa pasara y no tener que vivir tal experiencia de dolor. Pero, por encima de sus deseos, le dijo: "Que se haga tu voluntad". Es un ansiolítico someternos a la voluntad de Dios. Con demasiada frecuencia, veo en terapia a los hijos de Dios sufriendo porque se resisten al cumplimiento de la voluntad de Dios en sus vidas, y la emoción que predominantemente acarrea estas resistencias es precisamente la ansiedad.

El Padre necesitaba la cruz para redimir a la humanidad, pero el Hijo, en su naturaleza carnal y almática, deseaba evitarla. La resistencia de Jesús fue perfectamente normal. Esto nos demuestra que la agonía que experimentó fue totalmente real. Más allá de su divinidad, sufrió como alguien que tenía piel, huesos, venas, músculos, sentimientos y emociones. Sin embargo, se sometió al Padre,

> No hay nada más extraordinario que descansar en Dios.

no por temor o por imposición, sino por amor. Es que el amor fue la poderosa fuente que siempre dirigió a Jesús. Fue ese gran amor inefable, que es incomprensible, el que lo llevó a obedecer hasta la muerte. Ese amor también lo dirigió a descansar en la perfecta voluntad del Padre celestial.

No hay nada más extraordinario que descansar en Dios. Esto implica soltar el control, soltar nuestras estrategias y soltar nuestros tiempos. Así, y solo así, podrá manifestarse la gran realidad de que las estrategias y los tiempos de Dios son mejores que los nuestros. Jesús reconoció que, independientemente y por encima de toda angustia que le producía el proceso que estaba próximo a experimentar, la voluntad del Padre era buena, agradable y perfecta. Lo mejor es que el relato bíblico lo comprueba, porque aunque después del Getsemaní sufrió la cruz, después de la crucifixión, se manifestó triunfante al tercer día. Espero que recibas esta verdad para tu vida: Aunque hoy te encuentres de rodillas en tu Getsemaní, ese no es el final de la historia; para ti también llegará el día de gloria.

> Aunque hoy te encuentres de rodillas en tu Getsemaní, ese no es el final de la historia; para ti también llegará el día de gloria.

"Y se le apareció un ángel del cielo para fortalecerle".
—Lucas 22:43

¡Qué bueno saber que contamos con un mundo espiritual que está disponible para nosotros! ¡Ese mundo espiritual es más real que tú y yo! Cuando Jesús lo necesitó, el cielo fue paralizado para que un ángel le auxiliara. Si estamos conscientes de este beneficio, realmente muy pocas cosas nos angustiarían. Esto quiere decir que ya Dios ha hecho provisión para cuidarnos en nuestros momentos de fragilidad emocional, y que así como Jesús lo vivió, también está disponible para nosotros.

En el año 2012, mi esposo se encontraba sacando dinero de un cajero automático, cuando dos individuos le pusieron un revólver en su nuca y lo amenazaron de que si no les entregaba el dinero, le dispararían. Mi esposo, lógicamente, se llenó de temor y ansiedad. En ese momento, pasaban por la avenida unos policías, quienes al percatarse de que estaban asaltando a mi esposo, comenzaron a dispararles a los asaltantes. Mi esposo ve a dos policías que van detrás de los ladrones, y uno vestido de blanco que le dice: "¡Tírate al suelo!". Los policías llegaron a impactar a uno de los asaltantes, y cuando están todos en la comandancia de la policía y mi esposo está haciendo la declaración, le informan que no eran tres policías sino dos. Mi esposo enfatiza que había otro de camisa y pantalón blanco que fue el que lo protegió diciéndole que se tirara al suelo. Pero ese personaje nunca apareció. Estamos seguros de que el mundo espiritual se activó para proteger la vida de mi esposo. ¡Los ángeles nos cuidan!

> Ya Dios ha hecho provisión para cuidarnos en nuestros momentos de fragilidad emocional.

"Y estando en agonía, oraba más intensamente; y era su sudor como grandes gotas de sangre que caían hasta la tierra".

—Lucas 22:44

Médicamente, existe un proceso al que se le llama *hematidrosis*. Este proceso es uno en el que se suda sangre.[1] Ha sido comprobado que esto es una respuesta fisiológica a una situación de ansiedad máxima. En la actualidad, aún se registran casos donde personas en altos niveles de angustia experimentan este tipo de sudor. La mayoría de los que lo han padecido han sido quienes sabían que iban a morir pronto, y eso hace que se estimule una excitación del sistema nervioso simpático sobre las glándulas sudoríparas, que explotan en secreción de sangre por causa de la ansiedad. En búsqueda de literatura médica, no encontré muchos casos en los que esto ocurra. Pero nuestro amado Señor Jesús lo experimentó. Todo su cuerpo estaba clamando por escapar de esa situación. Esto quiere decir que ante cualquier terapeuta, Jesús estaba manifestando una ansiedad clínica.

He visto en mi oficina de consejería a ministros que sienten vergüenza por estar pasando por procesos de ansiedad. Se ha proliferado la idea de que si somos cristianos, y mucho más si somos personas al servicio de Dios, no podemos pasar por ansiedad. De hecho, hasta he escuchado que si como cristianos nos sentimos ansiosos o tristes, entonces es que no tenemos fe. Sin embargo, cabe subrayar que Jesús se dio el espacio de sentir. Ponernos en contacto con nuestra humanidad y comprender que tenemos el derecho de pasar por procesos de angustia, es bien liberador. Lo importante es recordar que tal y como nuestro Señor se sobrepuso y venció, así

> Ponernos en contacto con nuestra humanidad y comprender que tenemos el derecho de pasar por procesos de angustia, es bien liberador.

nosotros también vencemos. Getsemaní es el lugar de trascendencia, no de permanencia.

«¿Por qué están durmiendo? —les exhortó—. Levántense y oren para que no caigan en tentación».

—Lucas 22:46

Es absolutamente extraordinario cómo el Señor, después de haber pasado por una crisis, al encontrar a sus discípulos durmiendo, les animó. Jesús les exhortó a que se levantaran de allí.

La tristeza y la ansiedad provocan un consumo excesivo de energía en el cuerpo. El resultado de ese robo de energía es un debilitamiento y cansancio exagerado. Muchas personas que padecen de trastornos de ansiedad o de algún tipo de depresión presentan este síntoma. El hecho de que Lucas fuera médico nos ayuda a entender por qué en su Evangelio revela este dato científico: *"...los halló durmiendo a causa de la tristeza"* (Lucas 22:45).

El sueño de los discípulos y el hecho de que se quedaran dormidos no era una cuestión física, ni de vagancia para no orar, ni de abandono consciente al Maestro en su momento de aflicción. Esto fue a consecuencia de un asunto emocional, de no soportar el dolor de la inminente pérdida de su amado Jesús. Dormir es una defensa, un mecanismo de protección, para no enfrentar lo que les causaba tanta tensión. Era una medida que provoca el mismo cuerpo para reponer la energía del cuerpo, consumida por el cerebro. Tenían ansiedad de separación y angustia ante un proceso desconocido

> ¡Qué maravilloso que Jesús nos entiende en nuestras debilidades y aflicciones!

y que sabían que sería extremadamente complejo de sobrellevar. Por esto, el Señor no los criticó, sino que los animó.

¡Qué maravilloso que Jesús nos entiende en nuestras debilidades y aflicciones! Pedro, Santiago y Juan eran hombres, de acuerdo a lo que vemos en los Evangelios, de carácter fuerte y temperamentos sólidos. Pero ante la crisis, sus ojos se cerraron. Tuvieron la bendición que Jesús, como siempre, estaba cerca de ellos. También Él está cerca de ti y de mí.

Hay ansiedades que son dañinas y patológicas. Estas ansiedades son las que tienen un impacto negativo en nuestro desempeño y alteran el equilibrio y la estabilidad. Jesús siempre reflejó que lo que le interesaba que sus discípulos aprendieran era la tranquilidad, el amor mutuo, la prudencia, la templanza, la bondad, la fe, la solidaridad y la unidad.

> Jesús siempre reflejó que lo que le interesaba que sus discípulos aprendieran era la tranquilidad, el amor mutuo, la prudencia, la templanza, la bondad, la fe, la solidaridad y la unidad.

Las palabras, enseñanzas y acciones del Señor demuestran que estuvo ocupado, no sólo en el crecimiento espiritual de sus discípulos, sino también en su salud mental. Promovió y provocó que hombres y mujeres fueran libres. Destacaba la idea de que no se debía regir por las prisiones de los dogmas religiosos, ni las ideas preconcebidas ni los pensamientos negativos. Al motivarlos a animarse y salir de la tristeza, se muestra un deseo de que fueran felices.

Mucho antes de que naciera la psiquiatría, ya Jesús recetaba el desarrollar más el "ser" y la confianza. Cientos de años antes de que surgiera la psicología como ciencia, ya Jesús dirigía a sus seguidores a que vivieran de pie emocionalmente.

¿Puedes escuchar la voz del Señor hoy diciéndote lo mismo que les dijo a sus discípulos en Getsemaní? ¿Puedes saborear hoy la orden de que te levantes? ¡Levántate!; aunque estés triste. ¡Levántate!; aunque tengas miedo de lo que pueda suceder. ¡Levántate!; aunque el ambiente se sienta de aprensión, injusticia y muerte. El Señor, seguramente, tenía mucho temor. Pero aun así motivó, animó y alentó. ¡Levántate!

> Mucho antes de que naciera la psiquiatría, ya Jesús recetaba el desarrollar más el "ser" y la confianza.

ORACIÓN DE PAZ

Esta paz, que me has regalado.
Esta paz, que no logro entender.
Esta paz, todo lo sobrepasa.
Esta paz…esta paz…
Ligado a ella me encuentro
aun cuando me pierdo.
Nada en el mundo de ella me apartará.
Aunque esté en el desierto
se levanten gigantes,
luche contra tormentas,
ella me arropará…
Esta paz, tu paz.
Esta paz me hace reina/rey en tu reino.
Esta paz que me da libertad.
Esta paz renueva y restaura.
Esta paz, tu paz.
En el poderoso nombre de Jesús.
Amén.

EJERCICIO

Te invito a que reflexiones, contestes y apliques:

¿Qué cosas, situaciones o personas te causan ansiedad?

Haz una lista de tres cosas que puedes hacer diferente para promover la paz en tu vida:

1.

2.

3.

Toma un minuto para estar quieto y en silencio. Deja que el Señor te dé una respuesta al decirle: "Que se haga tu voluntad y no la mía".

CAPÍTULO CUATRO

EL MAESTRO DEL ARTE DE VENCER EL TEMOR

¿No se venden dos gorriones por una monedita? Sin embargo, ni uno de ellos caerá a tierra sin que lo permita el Padre; y él les tiene contados a ustedes aun los cabellos de la cabeza. Así que no tengan miedo; ustedes valen más que muchos gorriones.
Mateo 10:29–31, NVI

El miedo es una emoción que sirve para establecer nuestra posición con respecto a nuestro entorno y a nosotros mismos. Actúa como depósito de influencias innatas y aprendidas, y posee ciertas características invariables y otras que muestran cierta variación entre individuos, grupos y culturas.

En el ámbito de las emociones, Jesús ha producido el reconocimiento en el pensamiento humano, de que es un gran Maestro en el arte de su manejo efectivo. Aun en el campo de la psiquiatría y la psicología, las palabras de Jesús han sido validadas. Y debo afirmar, por experiencias compartiendo con colegas en congresos educativos, que cada vez hay más apertura y simpatía dentro de los campos de las ciencias de la conducta en cuanto a las enseñanzas del mayor terapeuta de los siglos. En sus millones de seguidores, ha resultado una transformación probada en lo que se refiere a la superación de temores. La forma en que Jesús se refirió y manejó el miedo puede crear una revolución favorable en la psiquis humana.

> La forma en que Jesús se refirió y manejó el miedo puede crear una revolución favorable en la psiquis humana.

Algunos de los comportamientos emocionales que están asociados con el miedo son:

- Agresividad: Complejos e inseguridades

- Ira: Miedo a que me venzan

- Envidia: Miedo a ser superado

- Celos: Miedo a ser abandonado

- Orgullo: Miedo a la crítica

"No tengan miedo"

En Lucas 12:6–7 se revelan las siguientes palabras pronunciadas por Jesús:

"¿No se venden cinco gorriones por dos moneditas? Sin embargo, Dios no se olvida de ninguno de ellos. Así mismo sucede con ustedes: aun los cabellos de su cabeza están contados. No tengan miedo; ustedes valen más que muchos gorriones" (NVI).

En este pasaje, el Señor enseñó sobre desarrollar tres conciencias que sirven como antídoto para el miedo:

- Dios no se olvida de nosotros.

- Dios está en control.

- Valemos mucho para Dios.

Dentro de estas tres verdades, el Padre celestial nos recuerda cada día que no debemos tener miedo. Esto es así porque la frase "no temas", curiosamente, aparece 365 veces en la Biblia. Es como si cada día del año, Dios nos dejara una nota aclaratoria de que no tenemos por qué temer. En el texto citado anteriormente, vemos un mandamiento categórico de Jesús: NO TENGAN MIEDO.

¿Por qué aun personas que tienen este conocimiento se aferran al miedo? ¿Por qué aun gente que ha tenido experiencias personales con Jesús viven atadas a los temores? Hay gente que ha vivido tanto tiempo con un temor, que ese temor ya es parte de su vida. Es lamentable que el miedo se haya hecho tan parte de ellos que han aprendido a disfrazarlo. Puedes tener la falsa idea de que es más fácil permanecer asustado que enfrentarte al origen de tus temores. O sea, le tienes miedo a encarar el miedo. Para superar el miedo, debemos arriesgarnos y enfrentarnos a su causa. Reconocemos que esto puede ser complejo para algunas personas, ya que destapar miedos emocionales es abrir un baúl que muchos prefieren dejar cerrado. Reflexionando en los miedos emocionales más comunes por los que la gente busca ayuda terapéutica, identifiqué los siguientes:

> El Padre celestial nos recuerda cada día que no debemos tener miedo. Esto es así porque la frase "no temas", curiosamente, aparece 365 veces en la Biblia.

1. Miedo a vivir

Desde antes de ser concebidos, la vida a favor de nosotros comienza a tener desafíos. De millones de espermatozoides, solo uno llega al óvulo para darse la concepción. Me parece que, a partir de ese momento, ya somos triunfadores. Luego superamos el desafío de crecer en el vientre de nuestra madre, y que cuando llegue el momento preciso nos acomodemos para el alumbramiento. El

> Para superar el miedo, debemos arriesgarnos y enfrentarnos a su causa.

acto de nacer es un triunfo gigante. *De haber estado en un lugar "calientito", con la luz apagada y total sensación de seguridad, hasta que de pronto... ¡me halan!, me sacan a un lugar frío, con muchas luces potentes, me estrujan, me meten algo por la nariz, la boca, me voltean y hasta me dan nalgadas.* Así mismo, todos los días de la vida traerá sus retos, pero quien se rehúsa a enfrentar situaciones de cambio, retos o asuntos complejos, puede estar presentando un temor a vivir.

El miedo a vivir puede manifestarse de diferentes maneras. Algunos las manifiestan con acciones aparentemente sin importancia, y otros con comportamientos más trascendentes. Cuando se padece este tipo de miedo, lo que se teme primordialmente es a lo desconocido. Este miedo es el que tiene mayor contenido de inseguridad personal. ¿Cuánta gente se queda en el mismo trabajo aunque no le guste? Las personas no se quedan en ese empleo porque tengan que hacerlo, sino por miedo a la gran incógnita que significa un nuevo trabajo. Gran cantidad de personas se quedan dentro de una relación matrimonial no satisfactoria, que obviamente no funciona, por temor a lo desconocido. No saben cómo les irá en ese nuevo estilo de vida y les da pánico la soledad. Piensan que es "mejor malo conocido, que bueno por conocer".

Incluso, tú podrías tener miedo a probar una nueva actividad, porque crees que no la vas a poder hacer bien, y esto contribuye a tu estancamiento. Tal vez siempre estás con la misma gente, sin arriesgarte y explorar el conocer otras personas que pueden aportar grandemente a tu crecimiento intelectual y espiritual. Vivir libre de temores, sin preocupación, se hace mirando el momento presente como un tiempo para vivir, en vez de obsesionarse por el futuro. Cuando temes a lo que "va a suceder", estás sufriendo anticipadamente.

Existen personas que tienen el temor a vivir bien definido, e inclusive, cuando van a terapia, pueden explicarlo con toda claridad. Sin embargo, entiendo que la mayoría de las personas que lo tienen no se han dado cuenta o no lo tienen claramente definido. No es hasta que entran en procesos de consejería que lo pueden comprender. Por ejemplo, hay quienes cuando les proponen matrimonio comienzan a sentir que esa no es la persona que desean y le encuentran mil defectos. Unos pueden estar próximos a recibir un aumento o una mejor posición en el trabajo y comienzan a boicotearse el éxito. Algunos nunca terminan los proyectos que comienzan o los siguen posponiendo. No se ilusionan con nada para no tener luego que enfrentar, según ellos, la desilusión. Le temen tanto al fracaso, que mejor no intentan hacer nada. No les gustan las sorpresas, aun cuando éstas pueden ser muy buenas. Otros prefieren aislarse y encerrarse en lugar de ir a actividades sociales en las que puedan conocer personas del sexo opuesto o les cuesta mucho trabajo entregarse afectivamente. En estos casos y en otros, lo que está detrás es el miedo a vivir.

> Cuando temes a lo que "va a suceder", estás sufriendo anticipadamente.

Para vencer el miedo a vivir es importante no perder de perspectiva que la vida está llena de riesgos y eso es parte de la aventura de nuestra existencia. Precisamente esto es lo que hace a la vida interesante, misteriosa y hasta divertida. Los riesgos de ciertas decisiones y acciones se pueden estimar, pero no siempre se pueden medir con exactitud. Así que no siempre lograremos lo que perseguimos, pero no debemos permitir que esto nos frustre. Esas experiencias son lecciones que abonan muy favorablemente a nuestro crecimiento emocional y espiritual. Que las cosas no nos salgan como esperamos, ni aun cuando enfrentamos pérdidas, no tiene que ser algo catastrófico que promueva el temor a vivir. Si de algo estoy convencida es que cada día es una oportunidad para comenzar otra vez, y que todas las pérdidas pueden ser transformadas en ganancias.

> Para vencer el miedo a vivir es importante no perder de perspectiva que la vida está llena de riesgos y eso es parte de la aventura de nuestra existencia.

Para vencer el miedo a vivir, es fundamental disminuir ciertas expectativas y el nivel de autoexigencia. En la vida no siempre los finales tienen que ser totalmente exitosos, sobre todo, en asuntos que no están en nuestro control total. Claro está, siempre debemos conducirnos al mayor éxito posible, aspirar a la superación y tener mucha fe. Pero el éxito más grande no necesariamente está en el tope de la montaña, sino en haberse disfrutado el camino y atreverse a escalar. Algunos no se lanzan, porque su miedo a vivir es el temor a "fracasar". Este concepto, para mí, no debiera estar en el diccionario, porque nunca realmente fracasamos. El verdadero fracaso es no intentar, no arriesgarse y no creer.

> Algunos no se lanzan, porque su miedo a vivir es el temor a "fracasar".

El temor a vivir puede también estar asociado a una cuestión de pobre autoestima, en el sentido de que te sientas con menos potencialidades que otros para enfrentar los desafíos. ¡Tú tienes todo para vencer! ¡Dios está contigo y Él cuida de ti! Cuando la autoestima no está fortalecida, puedes frustrarte fácilmente. En lugar de frustrarte, toma cada experiencia como una oportunidad para aceptar el dulce riesgo de vivir.

> El verdadero fracaso es no intentar, no arriesgarse y no creer.

¿Qué dijo Jesús?

> *"Mirad las aves del cielo, que no siembran, ni siegan, ni recogen en graneros, y sin embargo, vuestro Padre celestial las alimenta. ¿No sois vosotros de mucho más valor que ellas?"*
>
> —Mateo 6:26, LBLA

> *"Considerad los lirios del campo, cómo crecen: no trabajan ni hilan; pero os digo, que ni aún Salomón con toda su gloria se vistió así como uno de ellos. Y si la hierba del campo que hoy es, y mañana se echa en el horno, Dios la viste así, ¿no hará mucho más a vosotros, hombres de poca fe?*
>
> —Mateo 6:28–30

2. Miedo al rechazo

Todos podemos tener la necesidad emocional de ser aceptados, pero cuando esta necesidad se sale de proporción, se podría caer en el temor de ser rechazado. El miedo a ser rechazado es aquel en el que hay una preocupación desmedida de no gustar, no ser amado, aprobado, validado, valorado y no cubrir las expectativas de las personas que nos rodean.

Quienes tienen miedo al rechazo sienten que no tienen las suficientes cualidades que les permitan ser queridos por alguien. Este sentimiento es peligroso. He tenido pacientes con este tipo de miedo que tratan de comprar el afecto por medio de la utilización del rol de rescatadores, tratando de facilitarle la vida al otro, aun por encima del bienestar propio. Por ejemplo, hacen regalos constantes, intentan satisfacer todos los deseos del otro y están siempre a su disposición. Quien le teme al rechazo, con el exceso de tareas para los demás, busca tornarse imprescindible para el otro. El pensamiento suele ser el siguiente: "En la medida en que me necesites, no me rechazarás".

Otra característica de las personas que tienen miedo al rechazo es que practican el sacrificio constante por lo demás. Pueden quedarse una noche completa sin dormir por otro. Nunca pide ayuda, sobrecargándose. Prevé que cada miembro de la familia, amigos, compañeros de trabajo y hasta algunos particulares, necesitan y buscan satisfacer esas necesidades. Casi nunca manifiestan realmente lo que sienten, porque intentan no molestar con opiniones contrarias a la de su entorno. Se les hace bien difícil hacer una crítica, aunque encuentre motivos para hacerlas, porque teme perder la aprobación, valoración y hasta el afecto de los demás.

Una de las características más preocupantes de este tipo de temor es que la persona nunca se pregunta qué es lo que necesita para ser feliz. Siempre están preocupados por la felicidad de otros. Se sienten rescatadores de los demás, al punto tal donde, si no asumen el rol de protectores, se sienten culpables y hasta se enojan consigo mismos. He notado en pacientes que tienen miedo al rechazo que cuidan a los demás con una diligencia maternal. Se convierten en las madres de todo el mundo, incluyendo a su pareja. Aunque más adelante en el libro discutiremos la forma en que debemos amar, según como lo enseña Jesús, el amor no debe perder ciertos límites.

El temor al rechazo supone siempre el miedo de ser abandonado. Casi siempre las causas de estos temores son el resultado por experiencias que se tuvieron en el pasado, principalmente durante la niñez. Usualmente, el que uno de los padres o ambos le hayan abandonado física o emocionalmente, puede dar paso a que el adulto tenga temor a que otras figuras significativas en su vida le vuelvan a abandonar.

> El temor al rechazo supone siempre el miedo de ser abandonado.

¿Qué dijo Jesús?

"Amarás a tu prójimo como a ti mismo" (Ama al prójimo tanto como te debes amar a ti mismo).
                                        —Marcos 12:31, nota de la autora

"Ya no os llamaré siervos (esclavos), porque el siervo no sabe lo que hace su señor; pero os he llamado amigos…"
                                        —Juan 15:15, nota de la autora

3. Miedo a amar
Muchos de los miedos que podemos experimentar suelen ocultar otros miedos que están relacionados. Ahora bien,

uno de los miedos que enmascara más temores, es precisamente el miedo a amar. En el miedo a amar puede tenerse el temor a sufrir, a fracasar, a no ser correspondido, a perder el control o a ser controlado, al abandono, al ridículo, a la decepción o al compromiso.

En terapia veo un centenar de casos de personas que han estado marcados por "un fracaso" sentimental y viven en una batalla constante para no volver a entregarse. En otros casos, es que la referencia que tienen de lo que es amar, por lo que han visto en otras personas, es tan catastrófico que prefieren no darse la oportunidad de amar para mantenerse en una zona de protección.

Una solución para el miedo a amar es liberarse de la idea de que se ha fracasado, al no funcionar una relación en el pasado. Toda experiencia de amar, buena o mala, trae lecciones y profundas experiencias que han abonado a nuestro crecimiento. Afirmo con toda seguridad que el amor siempre enriquece. Cada vez que he amado, he aprendido mucho. Esas experiencias y esos aprendizajes los valoro con todo mi corazón. No quedarse atado a las experiencias del pasado es indispensable para tomar la decisión de amar otra vez.

> Toda experiencia de amar, buena o mala, trae lecciones y profundas experiencias que han abonado a nuestro crecimiento.

Todos tenemos a un amigo o familiar que prefiere estar solo y no darse la oportunidad de entregarse al amor. En ocasiones, tiene que ver con un nivel de omnipotencia. No desean tener a nadie que controle absolutamente nada de sus vidas. He descubierto que, en el pasado de estas personas, ha habido una figura significativa: casi siempre, la madre o el padre fue un controlador o sobreprotector. En otros casos, tiene que ver con haber vivido violencia doméstica en una relación anterior, en la que se estuvo dentro de una rueda de poder y control por parte de la otra persona. Esto hace que ahora esté en una zona de defensa.

Aprender a aceptar que dependemos en gran medida de las personas que amamos es un signo de madurez emocional. Lo que ocurre es que hay diferencias cuando el amor es uno saludable. En el amor libre de patologías, la dependencia nos compromete, pero no nos somete. No somos esclavos dentro de ese amor. Para vencer el miedo a amar, hay que saber que entregarse en el amor no implica "hipotecarle" mi vida a alguien.

> No quedarse atado a las experiencias del pasado es indispensable para tomar la decisión de amar otra vez.

¿Qué dijo Jesús?

"Y éste es mi mandamiento: que se amen los unos a los otros, como yo los he amado".
—Juan 15:12, NVI

4. Miedo a la soledad

Muchas de las personas que llegan a una oficina de consejería lo hacen porque, como resultado del miedo a la soledad, se han sometido y tolerado personas y situaciones altamente destructivas. El miedo a la soledad puede aparecerse cuando llega a su fin una relación de pareja, ocurre la pérdida por muerte de un ser querido, los hijos se van (el nido vacío), o se cambia de residencia, entre otros. Cuando estos procesos se presentan en nuestra vida, son parte de un duelo necesario. Por experiencia propia les comparto que la soledad puede ser necesaria y muy útil. Aunque reconozco que dentro del proceso hay unas etapas en las que se nos puede hacer difícil el valorar y sacarle el mejor provecho a la vivencia. Los momentos de soledad son una oportunidad única para ponernos en contacto con nosotros mismos, reflexionar, reinventarnos y hacer crecer nuestra comunión con el Señor.

Es curioso el hecho de que el fantasma de la soledad cuando más atormenta es en esos momentos en que no estamos físicamente solos. La soledad que causa miedo suele darse en gente que está acompañada de otros, pero emocionalmente experimenta un profundo vacío. Las personas que están solas como circunstancia de vida, que no tienen a nadie al lado suyo, suelen crear unas armas, defensas, sistemas o situaciones compensatorias que les ayudan a no sentir tristeza por la soledad.

> Los momentos de soledad son una oportunidad única para ponernos en contacto con nosotros mismos, reflexionar, reinventarnos y hacer crecer nuestra comunión con el Señor.

Admiro mucho a una amiga mía, de más de setenta años, divorciada y sus hijos viven en otro país. Sin embargo, ella no se siente angustiosamente sola. Es una mujer bien activa, que llena su agenda de tareas y pasatiempos que le causan mucho placer. Le encanta salir en grupos, ama servir a los demás y pone en acción sus dones todo el tiempo.

Una de las consultas que me resulta más interesante sobre la soledad, es aquella en la que los pacientes me refieren que tienen miedo a quedarse solos con ellos mismos. Una de las razones principales por las que surge este temor es debido a una pobre autoestima. Cuando el amor propio está lastimado podemos creer que no somos compañía suficiente para nosotros mismos. Es una idea falsa de que el bienestar, la felicidad y la plenitud deben ser proporcionados por otra persona. Tenemos que ser amigos de nosotros mismos, amarnos, aceptarnos y disfrutarnos a nosotros mismos. Por sobre todas las cosas, el miedo a quedarnos solos con nosotros revela la desvalorización de una vida espiritual. Cuando estamos en conexión con el mundo espiritual, no es solo que no le tendremos miedo a la soledad, sino que provocaremos tiempos de soledad para tener el espacio para entrar en la presencia de Dios.

> Es una idea falsa de que el bienestar, la felicidad y la plenitud deben ser proporcionados por otra persona.

¿Qué dijo Jesús?

"Y tengan por seguro esto: que estoy con ustedes siempre, hasta el fin de los tiempos".
—Mateo 28:20, NTV

Jesús y el miedo

Cuando entramos en el perfil psicológico de Jesús nos damos cuenta de que no tuvo miedo a vivir y vivió intensamente. Entiendo que una de las razones principales por las que Jesús vivió a plenitud y disfrutó de la vida es porque vivió de forma inteligente. Estudiar la

> Una de las razones principales por las que Jesús vivió a plenitud y disfrutó de la vida es porque vivió de forma inteligente.

inteligencia emocional de Cristo es algo complejo. En primer lugar, porque sus pensamientos son diferentes a los nuestros; y en segundo lugar, porque pertenecen a una profunda dimensión: la de la fe. No tener ningún temor a vivir y vivir de la forma en que Jesús vivió nos hace ver que su confianza en el Padre era total y plena.

Jesús no tuvo miedo de vivir, porque fue un hombre que decía lo que pensaba, a tal grado que perturbó a los intelectuales y religiosos de Israel. Los llamaba hipócritas, sepulcros blanqueados, los desafiaba y les decía que le imponían cargas a la gente que ni ellos mismos podían llevar. Advertía que ellos decían una cosa, pero hacían otra. Exhortaba a la gente a que no siguieran el ejemplo de los fariseos. Denunció que hacían las cosas para que la gente los viera. Los llamó tontos, ciegos, serpientes, víboras y ladrones. Enseñó que el que quería ser el más grande, debía servir a los demás, porque el que a sí mismo se engrandece, será humillado; y el que se humilla, será engrandecido (ver Mateo 23). Solo alguien que vive intensamente y sin miedo, puede causar tanta indignación sobre sus opositores, revolucionar a un despertar espiritual, y crear conciencia política en la gente a la que veía en sufrimiento. Desde niño, impresionaba con su sabiduría. A partir de los treinta años de edad, comenzó a enseñar, revelar y divulgar sus ideas y pensamientos. Por lo que provocó un gran tumulto en aquella nación.

Había que ser verdaderamente valiente para desafiar lo que establecía un poderoso imperio, como lo fue el imperio romano. Pero Jesús vio los abusos y los denunció. Era un gobierno totalmente corrupto, que le ponía impuestos muy injustos al pueblo. Esto, lamentablemente, no es muy diferente a lo que vivimos en muchos de nuestros países actualmente. Peor aún, el templo, en lugar de ser el oasis y alivio para esos abusos, se convirtió en el lugar donde los religiosos se mostraban todavía más corruptos. Esto provocó gran indignación en nuestro Señor, quien en un momento dado viró las mesas dentro del templo y les dijo: «*Escrito está —les dijo—: "Mi casa será llamada casa de oración"; pero ustedes la están convirtiendo en "cueva de ladrones"*» (Mateo 21:13, NVI). En definitivo, el Señor asumió posturas morales y espirituales sin temor al rechazo.

Los comportamientos del Señor de señores eran completamente contrarios a cualquier tipo de miedo. Aceptaba poner en riesgo su vida y protegía a las personas que estaban a su alrededor. No tenía miedo a amar, ni a demostrar incondicionalmente su amor. Jesús amaba aún a sus transgresores y esto hacía que se impusiera la valentía sobre el miedo. Precisamente esto fue lo que contuvo a Pedro con los opresores que venían a arrestar al Maestro. Es que Jesús tuvo como bandera la mansedumbre. Para tener mansedumbre, hay que estar libre de miedos. Lo contrario a mansedumbre es la altivez y ésta es producto del temor, porque involucra inseguridades y complejos. Jesús provocó la revolución más grande de la historia, sin violencia, sin guerras, sin nunca sacar una espada.

> Jesús tuvo como bandera la mansedumbre. Para tener mansedumbre, hay que estar libre de miedos.

No veo en Jesús que tuviera miedo a la soledad. Él disfrutaba de una continua conexión con el Padre. Nunca estaba solo. Él dijo: "*Yo y el Padre una cosa somos*" (Juan 10:30, RVA). Estaba en constante comunión. El miedo a la soledad es la falta de esta conexión y comunión con Dios. Inclusive, lo vemos en ocasiones buscando tener espacios de soledad. Especialmente lo hacía para orar. Sin lugar a dudas, el hablar con el Padre celestial era su aliento sobre sus sentimientos, sus inquietudes, su vida y su ministerio. Para lograr esto provocaba estar solo.

"Despedida la multitud, subió al monte a orar aparte; y cuando llegó la noche, estaba allí solo".

—Mateo 14:23

"Levantándose muy de mañana, siendo aún muy oscuro, salió y se fue a un lugar desierto, y allí oraba".

—Marcos 1:35

"Él, por su parte, solía retirarse a lugares solitarios para orar".

—Lucas 5:16, NVI

No veo en Jesús que tuviera miedo a la soledad. Él disfrutaba de una continua conexión con el Padre.

El hecho de que Jesús amara la soledad para tener tiempo devocional fue clave para su trascendencia, adquirir fortaleza, dirección, tener sostén y obtener la victoria. De hecho, estos momentos de soledad para orar, nuestro Señor los recomienda.

"Y cuando ores, no seas como los hipócritas; porque ellos aman el orar en pie en las sinagogas y en las esquinas de las calles, para ser vistos de los hombres; de cierto os digo que ya tienen su recompensa. Mas

tú, cuando ores, entra en tu aposento, y cerrada la
puerta, ora a tu Padre que está en secreto; y tu Padre
que ve en lo secreto te recompensará en público".

—Mateo 6:5–6

Aunque la multitud buscaba a Jesús, realmente observamos que, en los momentos más cruciales de su vida, estuvo solo. Recordemos que sus amigos, las personas en las que confiaba y amaba, lo habían abandonado. Lo abandonaron en el instante de su vida en que más los necesitaba. Judas lo traicionó. Pedro lo negó. Tal vez, tú, mi querido lector, te puedes sentir identificado. Gracias a la fe que el Maestro tenía, esto no lo destruyó. Que a ti tampoco te destruya.

Características del valiente Jesús

- Gran seguridad en sí mismo.

- Sus objetivos estaban claros.

- Habló lo que sentía, no lo reprimió, pero siempre lo hizo con amor.

- Tomaba decisiones basadas en sus convicciones.

- Estaba libre de preocupaciones sobre si era o no aprobado por los demás.

- Tenía autoridad sobre sus pensamientos.

- No vivía en torno a las ofensas de otros.

- Enfrentó sus sufrimientos.

- Argumentaba sobre las cárceles intelectuales y religiosas.

- Aunque muchos lo consideraban una amenaza, un hereje, y contantemente buscaban hacerle la vida imposible, Él no consideraba a nadie su enemigo.

ORACIÓN DE CONFIANZA

Querido Dios:

Gracias porque estoy a salvo en los brazos de tu amor. Gracias porque vivo protegido dentro del hueco de tu mano. Hoy te confío todos los asuntos de mi vida. Te pido, Padre celestial, que me ayudes a vencer los temores que me han hecho poner un freno. Guíame a controlar mis pensamientos. Tengo la convicción de que en cuanto libere mi mente de pensamientos negativos, pesimistas y oscuros, podré navegar por inmensos mares de victoria.

Afirmo que con la llenura del Espíritu Santo, me equipo de habilidades, destrezas y conocimientos para llevar a cabo la misión que me has dado con total valentía. Avanzo con la seguridad dichosa de que tú estás conmigo como poderoso gigante. Quien camina conmigo es Aquel que nunca ha perdido una batalla, por eso camino sin miedo al futuro y sin temer mal alguno.

En el poderoso nombre de Jesús. Amén.

EJERCICIO

Te invito a que reflexiones, contestes y apliques:

¿Hay algo que me hace sentir inseguro?

¿Necesito la aprobación de los demás cuando hago algo?

¿Me preocupa demasiado lo que los demás piensan de mí?

¿Le tengo miedo a la soledad?

¿Tengo miedo a ser abandonado?

¿Cuál será la raíz de mis miedos?

Traza un plan de acción para enfrentar a lo que le temes:

_____

_____

_____

_____

_____

_____

CAPÍTULO CINCO

EL AMOR EN ACCIÓN

Pero yo les digo:
Amen a sus enemigos y oren por
quienes los persiguen.
Mateo 5:44, NVI

Jesús no solo hablaba del amor, Él mismo es la demostración más grande del amor de Dios. Fue el amor encarnado y viviente. Demostró que el concepto del amor que hablaba, aunque parecía muy elevado, sí es posible de practicar. Con su enseñanza sobre el amor provocó la más grandiosa de las transformaciones del mundo. Entre muchas de sus lecciones, resaltó la enseñanza del amor como la base de la convivencia humana y de la sociedad en general.

En nuestros tiempos, la palabra *amor* se usa con tanta frecuencia y de forma tan indiscriminada, que ha perdido sentido y podemos llegar a confundir su significado. Pero Jesús hablaba del amor incondicional, ese que se debe tener a los enemigos, a los que nos hayan herido profundamente. Que por la fuerza del amor, inclusive, hagamos bien a quienes nos hayan hecho mal. Cuando en el Sermón del Monte, el Señor habla del amor a los enemigos, se refiere a una cumbre de la moralidad humana. Hacer esto nos enaltece. Nos catapulta espiritualmente.

Ser un seguidor de Jesucristo implica que hagamos todo lo que dijo que hiciéramos y que vivamos como Él vivió. Si logramos incorporar el amor como parte de nuestro comportamiento cotidiano, en cualquier lugar donde estemos y con cualquier persona, estaremos dando un verdadero testimonio de que somos cristianos. Por nuestros frutos de amor, las personas sabrán que somos seguidores del Señor. Ya la gente no cree por lo que se le dice; la gente está o no está creyendo en Jesús por lo que ve que nosotros hacemos, cómo actuamos y

> Ser un seguidor de Jesucristo implica que hagamos todo lo que dijo que hiciéramos y que vivamos como Él vivió.

la forma en que vivimos. Si vieran en todos los cristianos a Jesús, ya el planeta Tierra estuviera totalmente evangelizado.

> *«Ustedes han oído que se dijo: "Ojo por ojo y diente por diente". Pero yo les digo: No resistan al que les haga mal. Si alguien te da una bofetada en la mejilla derecha, vuélvele también la otra. Si alguien te pone pleito para quitarte la capa, déjale también la camisa. Si alguien te obliga a llevarle la carga un kilómetro, llévasela dos. Al que te pida, dale; y al que quiera tomar de ti prestado, no le vuelvas la espalda. Ustedes han oído que se dijo: "Ama a tu prójimo y odia a tu enemigo". Pero yo les digo: Amen a sus enemigos y oren por quienes los persiguen, para que sean hijos de su Padre que está en el cielo. Él hace que salga el sol sobre malos y buenos, y que llueva sobre justos e injustos».*
>
> —Mateo 5:38–45, NVI

Este es un pasaje bíblico que a muchos se les hace bien difícil entender, y si difícil es entenderlo, mucho más complicado es vivirlo. Amar de esta forma es una ruta que Jesús transitó y que nos invita a que nosotros también transitemos por ese camino.

Jesús estaba explicando que su manera de amar y la forma en que nosotros debemos demostrar amor son muy diferentes a la manera del mundo. En el mundo, si alguien te hace un mal, debes devolverle con un mal. Si alguien te hiere, el mundo acepta como justo el que te vengues. Si una persona no devuelve el golpe es un cobarde. Pero para Dios, el que una persona resista el mal haciendo un bien, es una evidencia de que Jesús vive en el interior de esa persona. Resistir el mal no es un caso de autocontrol, sino de ser controlado por el amor de Cristo.

Si alguien te trata mal, tú y solo tú, determinas el significado de esas acciones. Si alguien habla mal en tu contra, tú y sólo tú, determinas el peso que le darás a esas palabras. Lucha con el bien todo el mal que te hagan. No hagas que las acciones de otros se conviertan en la medida de tu respuesta.

> Resistir el mal no es un caso de autocontrol, sino de ser controlado por el amor de Cristo.

Convierte la presencia de Jesús en tu vida en la medida de tu respuesta. Jesús nunca se rebajó al nivel de palabras necias, ni de ninguna intención maligna. Les garantizo, por experiencia propia que estas acciones, a la manera de Jesús, nos llenan de gozo y paz.

La ilustración que hizo el Señor de que *"si alguien te obliga a llevarle la carga un kilómetro, llévasela dos"* (Mateo 5:41, NVI), proviene de una situación que todo judío conocía en esa época. Existía una ley bajo el imperio romano que establecía que toda persona, cuando se le pidiera, debía cargar la mochila de un soldado romano por el transcurso de un kilómetro de largo. Como los soldados viajaban por tierra, llevaban en esa mochila todas sus pertenencias con ellos. Para

> Jesús nunca se rebajó al nivel de palabras necias, ni de ninguna intención maligna.

aliviarse de esa carga, reclutaban a personas para que las cargaran. Un kilómetro era el deber que le correspondía según lo establecía la ley. Cada vez que alguien le cargaba la mochila al soldado por un kilómetro, éste tenía que buscar a otra persona para que lo hiciera por un kilómetro más, y así sucesivamente.

Esta realidad era muy humillante para los judíos. Los judíos estaban subordinados a un imperio que había ocupado hostilmente sus tierras. El hecho de que a los judíos se les obligara a ayudar a sus enemigos, les debía provocar indignación, furia, frustración y dolor. Sin embargo, Jesús les está enseñando: *"Si alguien te obliga a llevarle la carga un kilómetro, llévasela dos"*. Lo que quiere decir que, en cuanto al servicio y el amor al enemigo, Jesús nos pide que hagamos la milla extra.

Cuando hacemos la primera milla, podemos estar haciendo lo que cualquier persona haría. Esto puede provocar el aplauso de los demás y la satisfacción de que se hizo algo bien hecho o una buena labor. La milla extra es muy diferente. Cuando se hace la milla extra, ya estamos viviendo en el amor que Jesús enseñó y modeló. Cuando hacemos más allá de lo indispensable que se supone que hagamos, estamos reflejando el rostro de Cristo. Esa milla extra demuestra que somos hijos de Dios. Como resultado de ello, los demás ven algo diferente en ti: ven el amor de Cristo. La diferencia consiste en lo siguiente: El mundo nos ve en la primera milla, en la segunda milla ven a Cristo. Te recuerdo que esto solo puede hacerse con las fuerzas de Dios en nosotros. Si tratamos de hacerlo con nuestras propias fuerzas nos agotamos y drenamos.

El Señor nos está dando una enorme lección. No dice que debemos hacer lo que es nuestro deber, sino que debemos

> Cuando se hace la milla extra, ya estamos viviendo en el amor que Jesús enseñó y modeló.

hacer mucho más allá de lo que es nuestro deber. Amar como Jesús amó implica dar, impartir misericordia, favor y honra. No es por el favor de la gente, ni porque ciertas personas lo merezcan o no. De hecho, fue más lejos cuando dijo: *"Amen a sus enemigos y oren por quienes los persiguen"* (Mateo 5:44, NVI).

La única forma de llegar a este nivel espiritual es con Cristo morando en nuestro interior. La fuerza que nos impulsa y nos motiva a dar esa milla extra es un corazón que está agradecido por la manifestación de la gracia de Dios. Lo que nos mueve es nuestra respuesta al amor de Jesús. Solo el amor nos hace llevar a cabo actos que, si no hubiera amor, serían inconcebibles.

Enseñar el arte de amar fue uno de los objetivos principales del Maestro. Para aprender este arte es indispensable la activación de la tolerancia, la compasión, la capacidad de perdonar, la paciencia y el hacer morir el egoísmo. Aunque reconozco el gran valor de que nos pongamos metas y sueños, y trabajemos duro para alcanzarlos, me ocupa en gran manera la forma en que se está llevando el mensaje de la autorrealización, el autocumplimiento y el autodesarrollo. Se puede caer en la trampa del "yoísmo", lo que es totalmente contrario a lo que Jesús enseñó. El Señor dijo:

> Amar como Jesús amó implica dar, impartir misericordia, favor y honra.

"Todo el que procure salvar su vida, la perderá; y todo el que la pierda, la salvará".

—Lucas 17:33

La enseñanza de Jesús en cuanto al amor al prójimo tiene que ver precisamente con morir al yo. Estamos realizados, completos y desarrollados en la medida en que amamos. Una persona que solo vive para sí misma, que solo mira la autorrealización, y que hasta su felicidad está basada en la infelicidad de otras personas, termina por atrofiarse. Se embrutece emocionalmente y se encamina poco a poco a una muerte espiritual, quien se aferra a su único y total bienestar. Quien es libre y capaz de sobrepasarse a sí mismo y entregarse amorosamente, vivirá constantemente en experiencias ricas y gratificantes. Esto no quiere decir que seremos las alfombras de otros, que toleraremos maltrato y que viviremos pisoteados. De ninguna manera debemos negociar ir a este otro extremo. Pero sí, de lo que se trata es, de soltar el egoísmo.

> Quien es libre y capaz de sobrepasarse a sí mismo y entregarse amorosamente, vivirá constantemente en experiencias ricas y gratificantes.

Quien no para de pensar en sí mismo, quien no pierde de vista su exclusiva satisfacción y siempre está pensando en realizarse, ése no se realiza verdaderamente nunca. Los he tenido de pacientes y lo que poseen es un escalofriante invierno en su interior. Quien por el contrario, es capaz de negar su ego o relegarlo, porque hay algo más importante que el diminuto y minúsculo "yo", ciertamente encontrará la felicidad y grandes satisfacciones.

Me siento inmensamente privilegiada de haber tenido los padres que tuve. Los admiré y aun por encima de su partida al cielo, los sigo admirando. Paradójica y lastimosamente, ahora que no están es cuando he valorado y admirado más cosas en ellos. Una de esas cosas que me llenan de profundo orgullo sobre mi mamá y mi papá fue el inmenso amor que se tuvieron. La grandeza de su amor precisamente estuvo basada en que ninguno buscaba su propio y exclusivo interés, sino que validaron y valoraron las necesidades del otro. Ninguno de los dos apuntó hacia sí mismo, sino que se entregaron dualmente. A la misma vez, establecieron ciertos límites y se desarrollaron individualmente. De hecho, creo que mi padre estaba bien adelantado a su época, porque promovió que mi madre estudiara en la universidad hasta postgrado y que fuera una ejecutiva. Simultáneamente, se entregaron el uno al otro.

Pacto de amor

Recuerdo como si fuera hoy, aquella tarde en la que tendría yo como once años de edad y estaba sentada sobre la alfombra de la sala de mi casa. Mis padres me hicieron la historia más fascinante que he escuchado jamás. Me parece que veo aun a mi padre meciéndose en su sillón y mi madre tirada cómodamente en su habitual mueble. Me estaban narrando su inigualable historia de amor. No es para nada una historia ordinaria. Para mí, sobrepasa por mucho la de las películas románticas y novelas literarias. Escuchar cómo contaban la historia era una experiencia espectacular, porque fueron personas altamente sensibles y brillantes.

Cuando mi madre estaba cursando su primer año en la Universidad de Puerto Rico, una compañera de clases le dice que tiene un hermano a quien le tiene mucha pena porque está en el ejército, batallando en pleno combate de la guerra de Corea. En el tiempo en que mi madre estudió, no

EL PERFIL PSICOLÓGICO DE JESÚS

muchas mujeres lograban entrar a la universidad, y mucho menos si era pobre, como era el caso de ella. El ser una mujer de fe, inteligente, bien luchadora y emprendedora, le dio este logro y otros más. Esta amiga le pide a mami que le escriba a su hermano como un acto de compasión. Mi madre comienza a escribirle y mi padre le contestaba las cartas. Mi madre y mi padre, sin verse nunca, ni en fotos, se enamoran. Él regresa a Puerto Rico, la busca, tienen un noviazgo y deciden casarse a los dos años, siendo él estudiante todavía, porque cuando él regresó del ejército, continuó sus estudios universitarios también.

En un cofre que mis padres siempre cuidaron en la casa como una joya preciosa, se encuentran todas las cartas que se enviaron durante ese tiempo. Allí están todos los detalles, todos los pormenores de la historia. Tal y como lo describe mi amada hermana Dalia en su libro *Te quiero mucho*: "En esas hojas, ya amarillas por el pasar de los años, están las más hermosas confesiones de amor, los gritos de almas adoloridas, la historia de cuánto sufrió mi padre en la adolescencia por la muerte de su madre, profundas símiles y metáforas, y las frases más románticas que nunca he visto en ningún libro de poemas; y si alguien no conoce el significado del amor, en esas cartas lo encuentra".[1] Se enamoraron por cartas, sin nunca haberse visto. Ya cada uno había conocido del otro lo suficiente como para amarse el resto de sus vidas. Habían conocido sus almas.

Luego de casarse, a mi padre le hacen un diagnóstico de esquizofrenia. Los militares, cuando regresan de algo tan devastador como una guerra, casi todos llegan o con condiciones físicas o con condiciones psiquiátricas. En el caso de mi padre, la incapacidad se generó en su hermoso cerebro.

Mi madre tenía que tomar una decisión: sigo casada con un hombre enfermo o salgo corriendo de aquí. Ella decidió permanecer en la relación. Debo clarificar que, a pesar de que mi padre estaba enfermo, él nunca dejó de amar incondicionalmente a mi madre y se lo demostraba de forma constante. Mi madre nos enseñó, a mis hermanos y a mí a entender la enfermedad de papi y amarlo; a ver más allá de ese diagnóstico, el ser humano tan bello que era. Esta fue la razón por la que mi hermano Antonio estudió psiquiatría y yo consejería familiar.

Mi padre fue un hombre maravilloso, pero mi mamá no dejó de aventurarse al permanecer en la relación. Lo hizo por amor. Cuando papi falleció en el 2009, pude traer a mi casa muchos de los libros de su biblioteca. Le encantaba leer. Usualmente, en ocasiones especiales, yo le regalaba un libro. Uno de los libros que tuve la bendición de obsequiarle fue *Jesús, el hijo del hombre,* escrito por Gibrán Khalil Gibrán. La dedicatoria que le hice a mi padre el 1 de febrero de 2004, lee así:

> *"Papi. Khalil Gibrán hace este estudio del retrato de Jesús, pero si me preguntan a mí, yo diría que la persona más parecida a Jesús…eres tú. Te amo, Lisita".*

Mi madre tuvo una historia bien difícil desde su niñez. Ciertamente ella fue una gladiadora ante la vida. En su adultez madura comenzó a padecer de depresiones y luego desarrolló una demencia vascular. Quien cuidó principalmente a mi madre durante estos procesos fue mi padre. Lo que mami había sembrado de amor, luego lo cosechó en amor también. Hubo una época en la que mami tuvo que darle a papi muchas atenciones y esfuerzos. En el umbral de su vida, ella recibió de él lo mismo y mucho más. El amor produce amor.

El hecho de que mi padre y mi madre se enfermaran, produjo con toda lógica, una serie de situaciones complejas y difíciles de manejar en nuestra familia. Muchas de ellas, yo me tardé mucho en comprenderlas. Hoy puedo decir que el amor nunca faltó, y que precisamente el amor fue lo que nos hizo triunfar en medio de la adversidad. El amor es el mejor recurso y el más poderoso para poder perdonar. El amor y el perdón nos permiten ponernos otros espejuelos e interpretar las experiencias de manera diferente. El amor es la fuente que hace que en los desiertos de una familia pueda surgir una esplendorosa flor.

> El amor produce amor.

Quiero compartir dos cartas que mi hermana tomó al azar del cofre que guardamos de las cartas de mis padres durante su noviazgo cuando ya se habían visto. Una está escrita por papi y la otra por mami. En estas cartas resaltan dos características: El amor triunfó; y, amaron como Jesús amó.

> El amor es el mejor recurso y el más poderoso para poder perdonar.

19 de junio de 1952

Margarita:
En la penúltima de tus cartas aparece un pensamiento sumamente significativo; al tú usarlo lo hiciste como excusa de que no pudieras expresar todo lo

que sentimos en aquel momento. Yo hoy me veo en la necesidad de echar mano de este mismo pensamiento para explicarte los sentimientos que embargan hoy mi alma. "Los sentimientos profundos no tienen forma". No hay nada tan verdadero como esto.

Margarita, en las cartas que yo te he escrito hasta ahora, no me ha sido posible hacerte entender este sentimiento grande, maravilloso, profundo que hoy parece embargarme todo. Mis cartas no me satisfacen, estas palabras las encuentro huecas y sin sentido. Y no solamente las mías, sino todo lo que se ha escrito y yo he leído desde Ovidio hasta el último de los poetas que han cantado al amor. Para ti, Margarita, quisiera un vocabulario nuevo; este léxico que hasta ahora se ha destilado para mí no tiene valor alguno. Para ti quiero un cantar nuevo; pero ya que me es imposible lograrlo te pido, Margarita, no trates de hallarme, no trates de encontrarme en estas líneas; búscame en los espacios blancos; en esos entre letra y letra, entre palabra y palabra, entre oración y oración; en esos que para otros no dicen nada, hallarás, vida mía, los pedazos palpitantes aún de mi corazón, las vibraciones sonoras de mi alma.

Este amor que he empezado a profesarte es muy distinto a todos los otros que había experimentado. Es más, Margarita, hoy sinceramente he empezado a sentir lo que es verdadero amor. Todo lo otro, me dicta mi capacidad y experiencia fue ilusión, fue sueño, quimera, fue engaño, mentira. Este amor mío de hoy es sano, puro, elevado, hondo, apasionado.

Mi amor es honrado y sincero; es verdad, en él no hay espacio para que se aposente el engaño. Mi amor es humilde, sencillo, pide, no exige. Es contemplativo. Gusta de contemplar la belleza hasta el éxtasis; no trata de destruirla ni mancillarla. Soy muy distinto a aquellos que la destruyen.

Como te dije antes, Margarita, este amor mío es hondo, profundo, de profundidades de océano, pero no es necesariamente en todo como él. Tiene por el contrario serenidades de lagos. El océano ruge, es bravío, su superficie se levanta en grandes olas destructoras, amenazadoras. El océano no permite que la luna ni las estrellas traten de mirarse, retratarse en él, sus olas embravecedoras hacen girones a la luna. No así los lagos, estos son espejos donde se mira la bóveda celeste; el lago gusta que la luna se prenda en su pecho como un broche luminoso.

Mi amor es elevado. Mi corazón se eleva y mueve por las regiones elevadas e inaccesibles en que vuelan serenas y majestuosas las águilas. Yo soy como ellas. Desde allá, desde lo alto, contemplo con mis ojos de mirada telescópica el ir y venir desesperado, la lucha, el dolor, la miseria y la desesperación de la pobre humanidad de abajo.

Me dices, Margarita, que después de yo haberte pedido que fueras mi consejera y guía espiritual, y tú haberme contestado que lo serías gustosa, con la condición de que yo fuera obediente, te pido que seas la pastorcita protectora de toda mi vida. Tú, ángel mío, obedeciendo a tu grande, noble y elevado corazón, me

brindarás mucho más cariño y afecto, atenciones y
cuidados que a las otras ovejas. Algún día regresaré
donde ti en busca del calor de tu regazo.
    Te quiere con toda su alma,
    Antonio

9 de marzo de 1954

Corazoncito mío:
    Ayer te iba a escribir, pero todavía tenía un "revolú"
tan grande en mí que no pude hacerlo. Tuve que tran-
quilizarme primero para luego escribirte. ¿Que qué
me tenía así turbada? Pues tú mismo. Cuando te vas
me dejas loca, no sé ni pensar bien. A mí me hace
daño estar mucho tiempo contigo, pero no sé lo que
voy a hacer. El mal no tiene remedio. La solución
sería no estar mucho tiempo junto a ti, y eso sí es
verdad que no. ¿Cómo podría yo estar sin mirarme
en esos ojos que yo quiero tanto? Esos ojos tuyos, yo
los adoro. No es tanto porque sean bonitos, sino por-
que en ellos leo muchas cosas. Algunas veces cuando
tienes coraje conmigo, miro a tus ojos y veo en ellos
que es mentira, que dentro de ti no hay ningún coraje
conmigo. Así leo en ellos otras cosas, como tus pasio-
nes y tus preocupaciones. Yo te confieso una cosa: yo
no puedo estar mucho tiempo sin ver tus ojos; es que
en ellos veo tu alma.

Anoche apenas podía dormir. Estaba todo el tiempo como hipnotizada. Parecía sentir tu cabeza sobre mi regazo. Si supieras cómo te quiero cuando estás así. Lo que siento en esos momentos es algo indescriptible. Quisiera que esos momentos fueran eternos. Esos momentos me hablan de la felicidad que he de experimentar a tu lado, y es por la forma que te quiero. Yo jamás había experimentado una cosa como esta. Estaba ansiosa de encontrarla, una pasión con amor y un amor pasión. ¿No es esto lo que nosotros sentimos? Los otros días estabas hablando de lo diferente del amor y la pasión. Me decías que el amor es sereno, tranquilo, y que la pasión es la que intranquiliza. Dime una cosa, ¿puede uno amar y no sentir pasión? ¿O siempre se encuentran las dos juntas? Yo no sé. Yo no me imagino el amor sin estos torbellinos.

¿Cuántos besitos quieres? Pues, toma un millón.

Margarita

Tesoros de amor

Mostrar el amor de Jesús es nuestro gran desafío. Ponerlo en acción es practicar obras concretas.

Mostrar el amor de Jesús es nuestro gran desafío. Ponerlo en acción es practicar obras concretas. Jesús dio la siguiente ilustración sobre este fundamento, que se encuentra en Mateo 25:34–45.

"Entonces el Rey dirá a los de su derecha: Venid, benditos de mi Padre, heredad el reino preparado para vosotros desde la fundación del mundo. Porque tuve

hambre, y me disteis de comer; tuve sed, y me disteis de beber; fui forastero, y me recogisteis; estuve desnudo, y me cubristeis; enfermo, y me visitasteis; en la cárcel, y vinisteis a mí. Entonces los justos le responderán diciendo: Señor, ¿cuándo te vimos hambriento, y te sustentamos, o sediento, y te dimos de beber? ¿Y cuándo te vimos forastero, y te recogimos, o desnudo, y te cubrimos? ¿O cuándo te vimos enfermo, o en la cárcel, y vinimos a ti? Y respondiendo el Rey, les dirá: De cierto os digo que en cuanto lo hicisteis a uno de estos mis hermanos más pequeños, a mí lo hicisteis. Entonces dirá también a los de la izquierda: Apartaos de mí, malditos, al fuego eterno preparado para el diablo y sus ángeles. Porque tuve hambre, y no me disteis de comer; tuve sed, y no me disteis de beber; fui forastero, y no me recogisteis; estuve desnudo, y no me cubristeis; enfermo, y en la cárcel, y no me visitasteis. Entonces también ellos le responderán diciendo: Señor, ¿cuándo te vimos hambriento, sediento, forastero, desnudo, enfermo, o en la cárcel, y no te servimos? Entonces les responderá diciendo: De cierto os digo que en cuanto no lo hicisteis a uno de estos más pequeños, tampoco a mí lo hicisteis".

En el trascurso de mi vida, he sido desafiada muchas veces por el Señor a reflejar su amor a quienes estén en necesidad. Pero, sin lugar a dudas, la experiencia más gratificante la he tenido junto a mi esposo al convertirnos en padres del corazón. Ser padres adoptivos de un niño que nos necesita ha sido una vivencia poderosa que abrió nuestros ojos para recorrer un camino de amor extremadamente puro, único,

especial y profundo. Lo hicimos con la intención de bende-
cir, pero como suele pasar en los asuntos del amor, los más
bendecidos hemos sido nosotros.

Por años, he tenido el gran privilegio de trabajar como
misionera. Este es un llamado del amor de Dios en donde es
común, en muchas ocasiones, preguntarse si una posee las
fortalezas y el carácter para realizarlo con excelencia. Pero
cuando el llamado es a realizar la misión de amor dentro
de tu casa, todos los días de tu vida y hasta que tus ojos
se apaguen a este mundo, cae sobre nuestros hombros una
gran responsabilidad. Nuestro hijo es el campo misionero
más espectacular y el más importante que Dios ha puesto
en nuestras manos.

Estando una mañana acostada en mi cama, entre dormi-
da y despierta, tuve una visión. Vi a un niño que entraba en
pañales corriendo a nuestra habitación y me despertó con
sus carcajadas y haciendo un grito: "¡Ah!". Yo quedé sentada en la cama. Inmediatamente, al levantarme, me dije a mí
misma: *"¿Esto yo lo soñé? Pero es que lo sentí"*. Para mí
fue una experiencia real. A los dos años de esta experiencia,
nos llaman a participar de una actividad del Departamento
de la Familia de Puerto Rico. En esta actividad asistieron
170 niños huérfanos. No tenían ni papá, ni mamá. La cus-
todia legal de todos estos niños le pertenecía a la agencia y
todos ellos eran candidatos a adopción.

El día antes de la actividad, mi esposo y yo habíamos eva-
luado no asistir, porque aun mi esposo se encontraba en el
proceso de radioterapia, luego de haber recibido un diagnóstico de cáncer. Pero fui a casa de una amiga esa noche,
y luego de hablar oramos juntas. Dentro de la oración, ella
dijo estas palabras: "Señor, si Lis y Luis deciden ir a la

actividad y allí está el niño que Lis vio en aquella visión, si allí está el niño que tú deseas que sea su hijo, que ellos puedan ver una luz sobre el niño entre todos los demás niños".

La mañana de la actividad todavía estábamos inseguros, pero Dios en su amor, se encargó de que llegáramos al lugar. Fue impresionante ver a tantos niños cuya realidad es que no tienen una familia que los amara, cuidara y protegiera. Emocionalmente, tuve que trabajar conmigo misma para no detenerme a mirar cada uno de los rostros que estaban allí. Había niños desde tres años hasta adolescentes. Con todos esos niños corriendo de un lado para otro, algo ocurrió.

Un niño de cinco años me tomó de la mano y se colocó frente a mí, mirándome fijamente a los ojos. Yo sentí que todo a mi alrededor se paralizó y solo existía ese momento y nosotros dos. Fue una conexión sobrenatural. Su mirada era penetrante. Sus profundos ojos negros me parecían dos botoncitos brillosos. Fue tan especial lo que él me irradiaba.

A los minutos de esta experiencia, mi esposo llegó a la actividad. Venía del hospital, de su último tratamiento para el cáncer. Un payaso comenzó un espectáculo. Todos los niños se colocaron alrededor del payaso y mi esposo, sin saber lo que yo había vivido minutos antes, entre todos esos niños, me dice que le llama la atención el niño que tenía un objeto en las manitas. ¿De qué me percato? ¡Me percato de que el niño que estaba señalando mi esposo era el mismo niño del encuentro! Desde donde estábamos no lográbamos ver que tenía en las manos. Notamos que lo guardaba celosamente. Cuando el espectáculo de payasos termina, nos acercamos hasta donde estaba. Nos colocamos frente a él para entrevistarlo, y nuestra mayor sorpresa fue cuando vimos lo que cargaba en las manos. Era una linterna que, al nosotros acercarnos, el niño encendió hacia sí mismo, ¡y quedó totalmente iluminado!

Por si alguien duda de que el amor de Jesús está lleno de detalles, esa experiencia representó para nosotros, entre muchas otras experiencias simbólicas que tuvimos ese día, que aquella era la luz que le habíamos pedido al Señor por señal. Jugó con nosotros todo el día haciendo el ruido: "¡Ah!". Cuando llegaron otros niños para jugar con nosotros, puso los límites y les dijo: "Tú no, soy yo". Estoy segura que le amamos desde ese día y él también nos amó. Yo puedo recordar el momento exacto en el que Luis y yo nos miramos y supimos que ese dulce niño de cinco años era un tesoro de amor que Dios nos entregaba, y que también, por el gran amor que el Señor le tiene, nos daba a nosotros la responsabilidad de amarlo y protegerlo para siempre.

El día que conocimos a nuestro hijo es por mucho uno de los días más sublimes de mi vida. Yo me volví loca de amor. El proceso de adopción fue uno arduo y lleno de desafíos con el Gobierno. Es que amar cuesta. Pero viviría otra vez cada una de las experiencias que nos han traído hasta aquí.

El nombre de mi hijo es Adrián Emmanuel. Adrián tiene en latín el mismo significado del nombre Moisés, un caso de adopción en la Biblia. Un hombre que, desde su nacimiento, fue cuidado y protegido por Dios. Moisés trascendió a sus problemas que desde niño tuvo en el habla, entre otras inseguridades, para convertirse en el libertador de su pueblo, y reconocer que lo que había logrado no era por sus capacidades, sino porque Dios estaba con él. Emmanuel quiere decir "Dios con nosotros". Si de algo hemos sido testigos es que Dios siempre cuidó a nuestro hijo y nos acompañó a nosotros en cada uno de los días de este proceso.

Particularmente, confirmándonos de forma increíble, que este niño era el que Él había señalado como nuestro hijo y que llegaba a nuestro hogar porque carga un gran propósito de parte de Dios.

¿Has sido testigo de que el amor del Señor siempre está presente? El amor del Señor está contigo. Nunca lo dudes.

Servir a nuestro hijo ha sido una gran oportunidad de demostrar el amor del Señor y, a la vez, hemos experimentado su amor en medio de esta poderosa aventura de la maternidad y paternidad adoptiva. Lo hicimos por obediencia y ha resultado ser un gran placer. Nos ha llenado de felicidad. Las personas más felices son las que hacen la voluntad de Dios. La voluntad del Padre celestial no es algo que descubramos por nuestros propios medios, sino que es revelada a través de una relación con Jesucristo (ver Lucas 10:22). Lo que el Señor nos pide que hagamos en amor, generalmente, no tendrá sentido para el razonamiento humano, pero tiene un gran valor en el reino de los cielos.

> El amor del Señor está contigo. Nunca lo dudes.

> Las personas más felices son las que hacen la voluntad de Dios.

ORACIÓN DE AMOR

Bendito Dios:

Gracias por tu infinito amor y porque enviaste a Jesús a morir por mí. Tu amor siempre ha sido constante conmigo. La fuerza de tu amor llega aun a los lugares más recónditos de mi ser y lo llena todo.

Siempre satisfaces mi corazón con la dicha del amor.
Recibo y disfruto del amor.
Ahora abro mi vida para amar como Jesús nos ha
enseñado a amar. Amo libre de temores. Amo libre
de inseguridades. Ayúdame a dar la milla extra por
amor. Ayúdame a amar a los que me han herido, esto
me hace vivir en libertad.
En el poderoso nombre de Jesús.
Amén.

EJERCICIO

Te invito a reflexionar, contestar y aplicar:

¿Qué ven las personas en ti? ¿Ven una buena persona o ven reflejado el amor de Jesús?

¿Qué actitudes puedo cambiar en mi vida para reflejar más eficazmente el amor del Señor?

¿Qué acciones me propongo hacer para caminar la milla extra en cuanto al amor y el servicio a los demás?

¿Cuál es mi lugar en el plan de Dios para ser de bendición a lo más necesitados?

CAPÍTULO SEIS

EL REGALO DEL PERDÓN

*Pedro se acercó a Jesús y le preguntó:
—Señor, ¿cuántas veces tengo que perdonar a
mi hermano que peca contra mí? ¿Hasta siete
veces? —No te digo que hasta siete veces, sino
hasta setenta y siete veces —le contestó Jesús—.*
Mateo 18:21–22, NVI

"**P**erdonen a otros, y ustedes serán perdonados. Den, y recibirán. Lo que den a otros les será devuelto por completo: apretado, sacudido para que haya lugar para más, desbordante y derramado sobre el regazo" (Lucas 6:37–38, NTV). El perfil que Jesús revela sobre el perdón es uno en el que manifiesta que es un acto de dar, pero a la misma vez de recibir. Esto está alineado con la etimología de la palabra perdón. De acuerdo con la Real Academia Española, las palabras *perdón* y *perdonar* provienen del prefijo latino *per* y del verbo latino *donāre*, que significan, respectivamente, "pasar, cruzar, adelante, pasar por encima de" y "donar, donación, REGALO, obsequio, dar" (si procede de la palabra *donum*, y "hasta que se cumpla el tiempo [estipulado]"). Perdón, por definición, quiere decir: REGALO GRANDE. Ese regalo es predominantemente a beneficio de quien lo otorga, tal y como el Maestro lo enseñó y lo vivió.

"Padre, perdónalos porque no saben lo que hacen"

Visualizando la agonía de Jesús en la cruz, sería lógico pensar que en su primera hora allí no podría salir la manifestación de ningún sentimiento que implicara bondad, amor o entrega. Sin embargo, cuando seguramente nadie, al pie de la cruz, tenía la expectativa de que saliera de sus labios palabra alguna, y mucho menos afectiva, el Señor llenó sus pulmones para exclamar: *"Padre, perdónalos, porque no saben lo que hacen"* (Lucas 23:34). Pudo haber dicho todo tipo de improperios hacia quienes lo habían lacerado tanto; tenía el poder de ejercer venganza y castigo en ese momento, pero decidió activar la misericordia.

Psicológicamente hablando, hubiera sido aceptable que Jesús estuviera viviendo un desorden de estrés postraumático por todo lo que había vivido previo a la crucifixión y guardara silencio en medio del dolor. Pero analizando tal nivel de amor y entrega, realmente se escapa de toda lógica que manifestara tales palabras y, más aún, que fueran las primeras de las subsecuentes que dijo en la cruz. Fue la frase más célebre. El perdón fue la prioridad para el Maestro.

> El perdón fue la prioridad para el Maestro.

Al estar en contacto diariamente con el dolor emocional de las personas, confieso que me causa frustración cuando veo gente que son especialistas en escapar de la liberadora experiencia de perdonar. Jesús veía al ser humano de forma más profunda y mucho más allá de sus comportamientos. Aun en la esencia del autosufrimiento, Jesús lograba comprender a las personas, tolerarlos y justificarlos.

Cuando Jesús dijo: *"Padre, perdónalos porque no saben lo que hacen"*, estaba manifestando con toda claridad su misión en la tierra y para la eternidad. El perdón fue un asunto fundamental y uno de sus más grandes proyectos. Además de ser una de las revelaciones del plan redentor, es un gran modelo para nosotros. El glorioso Señor Jesucristo sabía que si no proyectaba y lograba la transformación del ser interior, no habría solución de salvación para la humanidad. Él conocía que el amor y la liberación del dolor a través del perdón son la fuente mayor de motivación para los cambios

> Jesús veía al ser humano de forma más profunda y mucho más allá de sus comportamientos.

en el alma de las personas. Sin amor y sin la manifestación de éste a través del perdón, estamos perdidos.

El perdón es una decisión

El perdón es un mecanismo por medio del cual la persona que ha sido herida queda libre de la amargura que dejaron las acciones de otra persona o que dejaron sus propias acciones. El perdón es una decisión. Yo puedo decidir perdonar a alguien que no está arrepentido de verdad de haberme causado daño, o que ni siquiera ha reconocido cuánto me ha herido. De hecho, la mayoría de las personas que nos han lastimado no son conscientes de cómo nos han dañado. La intención principal al perdonar no es que la persona que te hirió quede libre de culpa, sino que tú quedes libre en tu interior para que tengas paz, felicidad y vivas una vida en plenitud. ¡El regalo es para ti!

Todo lo que el Señor nos dice que hagamos es para nuestro beneficio. Cuando yo misma resisto obedecerlo y hacer su voluntad en cosas que me resultan difíciles, recuerdo este principio. En muchas ocasiones, he tenido que hablarle a mi alma y ordenarle que se someta con lo que el Señor ha establecido para mí. Siempre al final del camino me percato que la forma del Señor es mil veces mejor que la mía. Cada uno de nosotros debe tomar su propia decisión, nadie puede hacerlo por nosotros. Puedes escuchar hoy la voz del Espíritu Santo diciéndote:

> La intención principal al perdonar no es que la persona que te hirió quede libre de culpa, sino que tú quedes libre en tu interior para que tengas paz, felicidad y vivas una vida en plenitud.

"Perdona para que seas feliz"; "Ya llegó el tiempo de que reconcilies eso en tu interior". Puedes hoy escuchar las palabras de Jesús como un eco en tu interior: *"Porque si perdonan a otros sus ofensas, también los perdonará a ustedes su Padre celestial"* (Mateo 6:14, NVI).

Esto no quiere decir que dejaremos de sentir. Hay experiencias en la vida que nos marcan. Pero cuando hemos completado el proceso de perdonar, esas vivencias ya no rigen nuestras vidas, y hasta llegamos al punto de que nos dejan de doler. Comenzamos a ver la experiencia con otros ojos y hasta le sacamos provecho. Para perdonar y darte este extraordinario regalo debes:

> Cuando hemos completado el proceso de perdonar, esas vivencias ya no rigen nuestras vidas, y hasta llegamos al punto de que nos dejan de doler.

- **Estar consciente de lo que te pasó.** El perdón comienza a manifestarse cuando estás claro de que hubo una ofensa o una circunstancia que te ha ocasionado una herida. En ocasiones, como un mecanismo de defensa emocional, la gente comienza a minimizar o a negar eventos o sentimientos. Aceptar lo que pasó y cómo verdaderamente te sientes con lo que pasó es el primer paso que te llevará a tu liberación.

> Aceptar lo que pasó y cómo verdaderamente te sientes con lo que pasó es el primer paso que te llevará a tu liberación.

- **Mostrar misericordia.** Me impactó mucho cuando aprendí lo que quiere decir *misericordia*. Esta es una palabra compuesta de *miseria* y *corazón*. Misericordia quiere decir "ver la miseria del corazón". Tanto verla en otros, como verla también en ti. Misericordia es lo último que las personas que te han lastimado esperan de ti. Cuando tenemos ira, lo menos que sentimos mostrar es misericordia. Una reacción bastante normal es querer que la persona pague por lo que nos ha hecho. Deseamos que le vaya mal. Ver fotos en sus redes sociales de una vida desgraciada. Sin embargo, la misericordia es el fruto más maravilloso del perdón, y de gran beneficio, más aun para nosotros mismos. El perdón es renunciar a mi derecho de lastimar, aun cuando yo haya sido lastimado.

> La misericordia es el fruto más maravilloso del perdón, y de gran beneficio, más aun para nosotros mismos.

- **Vivir libre de amarguras.** Es ponerte unos lentes nuevos para mirar la situación y la persona de otra forma. Implica tener la mejor actitud. Las personas que recuerdan el día, la hora y todos los detalles de la herida, por lo general, están amargadas. Pero cuando tomamos esos acontecimientos cada vez de manera menos personal y nos convertimos más en héroes que en víctimas, entonces nos alejamos de la amargura y poseemos la victoria.

Aspectos importantes sobre el perdón

Existen varios aspectos importantes que debes saber acerca del perdón, y es bueno que los tomes en cuenta:

- La mayoría de las personas que te han lastimado lo han hecho como resultado de sus propias historias.

- La gente reacciona según sus experiencias.

- Al perdonar, dejamos de culpar a otros y comenzamos a asumir responsabilidad sobre nuestros sentimientos, decisiones y comportamientos.

- Es importante aceptar la realidad de que no podemos cambiar a nadie; la única persona sobre quien tenemos el control de cambio es nosotros mismos.

- Es válido contactarte con tus sentimientos y ser honesto con lo que aún te duele o te molesta.

- Cuando perdonamos, sustituimos una historia de dolor por un testimonio de superación.

- Solo tú puedes decidir perdonar. En esencia, el perdón es una decisión que nos libera del dolor emocional, del atraso espiritual y hasta nos evita enfermedades físicas.

- Es imposible tener una vida de gozo y victoria arrastrando una raíz de amargura.

- La persona ofendida es la más beneficiada al perdonar, aunque el ofensor no haya reconocido sus faltas.

- Completar el proceso de perdón requiere tiempo y esfuerzo para que las heridas sean cicatrizadas.

- Cuando perdonas abonas grandemente a tu felicidad.

Como terapeuta, me he dado cuenta que hacer esto por nosotros mismos y con nuestras fuerzas es demasiado complejo; en algunos casos, es prácticamente imposible. La misma ciencia ha tenido que reconocer que hay unos procesos en la vida de los seres humanos que son tan difíciles de sobrellevar que se necesita una *fuerza suprema* para lograrlo. La Biblia nos alienta a reconocer a Dios en todos nuestros caminos (ver Proverbios 3:6). Lo que quiere decir esto es que debemos invitar, incluir y establecer a Dios en todas las áreas de nuestra vida y en todas nuestras acciones. Decirle que somos conscientes de que sin su ayuda no tendremos éxito. Reconozco que, aún en lo personal, cuando he intentado hacer cierres emocionales por mi cuenta no lo he logrado. Se supone que yo pudiera hacerlo por lo que estudié, porque

> Cuando perdonamos, sustituimos una historia de dolor por un testimonio de superación.

conozco las teorías, porque he dedicado mi vida a esto, porque he ayudado a personas a alcanzarlo y porque enseño los métodos. Pero sin Dios nunca he podido hacer nada totalmente bien, ni saludablemente. Juan 15:5 dice: *"…separados de mí, no pueden hacer nada"* (NTV).

Perdonar es una de las experiencias más gratificantes en nuestra existencia. Es un regalo de tanto valor. Su valor está basado en la paz y la alegría que nos proporciona. El perdonar nos hace más grandes. Trae libertad y restauración. Es así el caso de esta mujer de 45 años, quien me contó su testimonio.

> El perdonar nos hace más grandes. Trae libertad y restauración.

"Luego de muchos procesos y dolor, me di cuenta de que el acto más liberador y sanador es el perdón. Mi niñez fue bastante normal y protegida en un pueblo pequeño de Puerto Rico. Al ser la mayor de dos hermanas, viví de forma cercana el proceso de separación y divorcio de mis padres. Como vivíamos en un pueblo pequeño, fue como el dicho popular, 'pueblo pequeño, infierno grande'; y mucho más cuando la razón de la ruptura fue por infidelidad, en una época donde no mucha gente se divorciaba y menos en ese pueblo. Ese proceso no fue uno que ocurriera de momento y se acabara rápidamente, fue algo que duró mucho tiempo (casi diez años). Esto trajo, como consecuencia, coraje, rencor, inseguridad e inestabilidad en mi vida. La adolescencia en ese torbellino no fue fácil, y la etapa de joven adulta tampoco fue

sencilla. Mis carencias emocionales se juntaron a las crisis de esas etapas de la vida.

De adulta, las relaciones con mi papá y mi mamá eran difíciles. Continué por mucho tiempo actuando como rebelde. Con mi familia extendida del lado paterno, las relaciones eran distantes, y si nos encontrábamos en un lugar todos juntos, me ponía tensa. Cuando comencé a buscar las raíces de los problemas actuales, me di cuenta que tenía que trabajar con el perdón. Debía dejar de pasarle la factura por decisiones del pasado, erradas o no; ya eso no tenía cambio. Yo no obtenía ganancia ninguna guardando rencor.

Un día salí decidida a perdonar. Cuando le dije a mi padre el propósito de mi visita, se asustó. La cara de sorpresa y su expresión no la puedo olvidar. Quizás pensó que le iba a recriminar algo, ofenderle o pelear. Sin embargo, lo que yo hice fue pedirle perdón, perdonar, orar y darle gracias a Dios por su amor y misericordia. El perdón me libertó".

Jesús dijo: *"Pero yo os digo: Amad a vuestros enemigos, bendecid a los que os maldicen, haced bien a los que os aborrecen, y orad por los que os ultrajan y os persiguen; para que seáis hijos de vuestro Padre que está en los cielos"* (Mateo 5:44–45). El perdón tiene una manera poderosa de producir un bien espectacular a partir de experiencias negativas y

Me atrevo a decir que uno de los mayores milagros de los que podemos ser testigos es ver un corazón que ha sido sanado, porque ha perdonado.

dolorosas. Esto es así, de tal modo, que me atrevo a decir que uno de los mayores milagros de los que podemos ser testigos es ver un corazón que ha sido sanado, porque ha perdonado. Cuando esto ocurre se siente: paz, gozo, libertad, poder, gratitud, restauración, crecimiento, consciencia limpia, esperanza, salud, fortaleza, autocontrol, creatividad, energía, buen dormir, satisfacción, progreso, relaciones interpersonales saludables, una mejor relación con Dios y el cumplimiento de tu propósito, entre otras cosas. ¡Vale el esfuerzo!

El dolor de la traición

¿Has sido traicionado? Jesús también. La noche en que el Señor fue arrestado, fue altamente angustiante. Sin lugar a dudas, entre muchos de los asuntos emocionales que tuvo que pasar, uno que tuvo que haber ocasionado una herida emocional profunda, fue cuando uno de sus amados discípulos le traicionó. La traición es cuando confías en alguien y te falla. Si un extraño o alguien que no es significativo nos falla, no es tan doloroso o nos puede resultar indiferente. Pero si quien falla es alguien a quien le hemos entregado el corazón, entonces no hay forma de que esa traición nos resulte indiferente.

Jesús estaba orando y estaba esperando el momento en que los soldados llegaran armados para arrestarlo. En su sinigual discernimiento, despierta a sus amigos para indicarles que ya estaba cerca el momento en que lo vendrían a apresar. Les dijo: *"Levantaos, vamos; ved, se acerca el que me entrega"* (Mateo 26:46). Me llama la atención que Jesús le dio peso al asunto de que Judas venía a entregarlo. Les pudo haber dado la noticia a los discípulos de otra forma. Por ejemplo, les podía haber dicho: "Ahí vienen los soldados para llevarme, estén alertas". El hecho de que lo que Jesús les dijo fue: "Se acerca el que me entrega", es un alerta de que esto era importante para él. Esto nos lleva a inferir que a pesar de que el Sanedrín había dado una orden, a pesar de que un grupo de hombres armados viniera con furiosa violencia, a pesar de que estos actos fueran totalmente injustos, eso no era tan doloroso para el Maestro como el hecho de que Judas lo traicionara. Los soldados podían abrir heridas en su cuerpo, pero la traición de alguien que Jesús amaba, ya le había abierto heridas en su alma. Las heridas emocionales duelen más y tardan más en sanar que las heridas físicas.

El Señor siempre supo que Judas lo traicionaría, pero como tenía un estilo de vida de perdonador, siempre lo trató con respeto y compasión. Esto es madurez emocional y profundidad espiritual: saber que Judas te va a traicionar, y aún así compartir tu mesa y hasta tu pan.

Judas recibió del Señor amor, y nunca lo expuso públicamente. No ventiló a los cuatro vientos la falta de Judas, lo que le haría, ni lo que le había hecho. Jesús fue bien tolerante con Judas. Lo trató con dignidad. No lo excluyó. Nunca lo humilló, ni lo despreció delante de los otros discípulos. Nunca lo estigmatizó como traidor. Fue misericordioso con aquel que lo había apuñalado por la espalda. Esto es perdón.

> Las heridas emocionales duelen más y tardan más en sanar que las heridas físicas.

El dolor del abandono

Aunque el apóstol Juan se autodenominó el discípulo amado, me atrevo a decir que el discípulo con quien Jesús tuvo una relación verdaderamente especial fue con Pedro. Notamos como el Señor siempre estaba bien pendiente de Pedro, y cuando no lo veía, preguntaba dónde estaba.

Este hombre valiente le había prometido a su Maestro que, si era necesario, moriría por Él. Pero como Jesús lo conocía, igual que nos conoce a cada uno de nosotros, sabía que aunque Pedro era bien fuerte de carácter y temperamento colérico, a la vez tenía fragilidades emocionales. El Señor puede ver nuestras fortalezas y también nuestras debilidades, y de todas formas, nos ama. En el amor que le tenía a Pedro, comprendía sus limitaciones. Esta es una herramienta útil para que evitemos decepcionarnos con la gente que nos abandona y lograr perdonarlos: todas las personas, aun las más fuertes, son frágiles, y por eso nos pueden fallar. No estamos exentos a que alguien nos haya prometido que estaría con nosotros hasta el final y se haya ido.

Pedro, indiscutiblemente, era líder. Tenía una personalidad intensa, ruda y fuerte. Su carácter sobresalía al carácter de los demás discípulos. No le importaba mucho decir todo lo que sentía y de la forma en que lo sentía. Observamos a través de las Escrituras, que él era osado y bastante impulsivo. Sin lugar a dudas, el que Jesús lo encontrara, lo escogiera para ser pescador de hombres y para que caminara a su lado, fue el más grande acontecimiento en la vida de Pedro. Dejó todo atrás para amarlo y seguirlo. Pero en el momento más crucial, lo negó y lo abandonó. Jesús se lo había advertido: *"...antes que el gallo cante, me negarás tres veces"* (Mateo 26:34). Cuando los soldados llegaron a arrestar a Jesús, Pedro salió inmediatamente a rescatarlo, defenderlo y protegerlo. Lo hizo utilizando una espada, al punto que le cortó la oreja a uno de los soldados. Mas Jesús lo sanó. Sin embargo, al poco tiempo, cuando se completó el arresto y el Señor estaba recibiendo golpes, Pedro se perturbó. Y cuando fue interrogado, afirmó tres veces: *"...no lo conozco"* (Lucas 22:57).

Jesús, por su amor, sabía más allá de lo que Pedro había hecho: que su reacción fue por causa del temor. Aunque lo comprendiera, seguramente, esto no dejó de ser doloroso para el Señor. Con toda probabilidad, el abandono y la negación de Pedro fueron, en aquel momento, más dolorosos que los mismos hematomas que le estaban haciendo aquellos viles soldados. Los soldados no eran los íntimos de Jesús. Pedro sí lo era. La lección que derivamos de Jesús es que el amor es una fuerza altamente poderosa para perdonar cualquier crueldad que nos hagan.

En nuestra cultura es típico escuchar: "Yo le disculpo, que le perdone Dios" o "Errar es de humanos, perdonar es divino". Es muy cierto que las personas somos vulnerables a cometer errores. Pero también te reafirmo que perdonar es algo que podemos hacer con la ayuda de Dios. En Salmo 33:20–22

> El amor es una fuerza altamente poderosa para perdonar cualquier crueldad que nos hagan.

dice: *"Nosotros ponemos nuestra esperanza en el Señor; él es nuestra ayuda y nuestro escudo. En él se alegra nuestro corazón, porque confiamos en su santo nombre. Que tu amor inagotable nos rodee, Señor, porque solo en ti está nuestra esperanza"* (NTV). Este regalo está disponible para ti. La capacidad de perdonar comprueba que es parte de nuestra propia humanidad y de esa parte divina que habita en cada uno de nosotros.

ORACIÓN DE PERDÓN

Dios eterno:

Acepto y reconozco que hay un poder en mí dado por ti, que me dirige y me instruye en todo lo que hago. Hoy me diriges y me instruyes hacia el perdón. He permitido que el rencor y el resentimiento crezcan dentro de mí, y esto me ha llevado a vivir con dolor y amargura.

Es mi deseo más profundo servirte y ofrecer a los demás todo el amor y la compasión que tú me has mostrado. Hoy encuentro un tesoro porque perdono a _____. Soy libre. Todo está bien en mi alma. Gracias Dios.

En el poderoso nombre de Jesús.

Amén.

EJERCICIO

Te invito a reflexionar, contestar y aplicar:

Mientras leíste este capítulo, ¿pudiste percatarte de algo que no has perdonado?

De haber contestado de forma afirmativa a la pregunta anterior: ¿Qué es?

¿De quién (o quienes) provino el daño?

¿Qué emociones experimentas cuando llegan los recuerdos de lo que te pasó con esa persona (o personas)?

¿Quieres comenzar el proceso profundo de perdonar hoy?

¿Por qué decides perdonar?

Haz esta declaración hoy por escrito y en voz alta:

Yo, _____ [escribe tu nombre], hoy _____ [escribe la fecha] decido perdonarte _____ [escribe el nombre del ofensor u ofensora], porque cuando recuerdo estos acontecimientos todavía me molestan o hieren (haz una lista de daños):

1.

2.

3.

4.

5.

Pero para ser feliz tengo que perdonarte, y afirmo que comienzo este proceso con valor y saludablemente en el día de hoy. En el nombre de Jesús. Amén.

Nota: Hay una alta probabilidad que necesites hacer este ejercicio con más de una persona. Por favor, hazlo con todas las personas necesarias para tu liberación total.

CAPÍTULO SIETE

JESÚS SANA LA NIÑEZ

Dejad a los niños venir a mí,
y no se lo impidáis; porque de los
tales es el reino de los cielos.
Marcos 10:14

Nuestro amado Señor Jesús le dio mucha importancia a la niñez, a pesar de que Él estaba dentro de un momento histórico y cultural en el cual no se prestaba mucha atención a los niños, más bien se les consideraba como "materia prima". Se decía que para un sabio jugar con un niño fuera del tiempo en que se le educaba, era un desperdicio. Eran corregidos con vara, la opinión de los niños no era importante y debían someterse en todo ante los adultos. Para la sociedad, los niños eran considerados insignificantes e ignorantes. En listas y numeraciones, se les mencionaba después de las mujeres. Pero Jesús, en su sabiduría, actuó hacia ellos de una forma que refleja que Él conocía que la niñez es la piedra emocional angular que sostiene la vida adulta.

Comúnmente, cuando se habla de la sanidad del niño interno, a algunos les resulta raro. Sin embargo, muchas personas suelen ser conscientes de que las experiencias que tuvieron en los primeros años de vida tienen una gran influencia sobre su vida adulta. Los problemas, el manejo poco saludable de los asuntos, la dificultad en las relaciones interpersonales y la forma en que las personas se ven a sí mismas, son el resultado directo de lo que ocurre en su niñez. El niño y sus experiencias vividas están permanentemente dentro de nosotros. Es esa parte que expresa nuestros sentimientos, fantasías, necesidades, angustias, temores, anhelos, deseos, complejos, inseguridades, necesidad de aprobación y reconocimiento, entre otras.

> El niño y sus experiencias vividas están permanentemente dentro de nosotros.

Es muy interesante ver que Mateo 19, Marcos 10 y Lucas 18, registran un incidente cuando los padres rodearon a Jesús para llevarle los niños para que Él los tocara. Esto fue importante y significativo cuando aparece en tres Evangelios.

En Marcos 10:16 dice: *"Y tomándolos en los brazos, poniendo las manos sobre ellos, los bendecía"*. Los que son mamás y papás, estarán de acuerdo conmigo que para que estos padres confiaran de esa manera en Jesús era porque veían en Él la ternura y el amor hacia los niños. Además, parece que los padres no fueron los únicos que percibieron esto en el Señor, sino que los niños también. ¡Los niñitos recibieron los abrazos y la bendición del Maestro! Es que los niños saben quién es quién. No hay nadie con mayor percepción que un niño. Visualizando esta estampa en mi mente, imagino a los niños riendo mientras reciben del Señor lo que es la necesidad emocional fundamental: el amor. También les dio reconocimiento, atención, validación, caricias y valoración. El Señor sigue estando disponible para besar, abrazar, cargar e imponer manos sobre nuestro niño interno, ya que Él es la plenitud que lo llena todo en todo (ver Efesios 1:23).

En el niño interno están depositadas las cicatrices de las heridas recibidas en los primeros años de vida y la adolescencia. Las vivencias subjetivas fueron entretejiendo sutilmente la trama de nuestra historia personal. Lo

> Los niños saben quién es quién. No hay nadie con mayor percepción que un niño.

> En el niño interno están depositadas las cicatrices de las heridas recibidas en los primeros años de vida y la adolescencia.

que nos ha sido útil en las terapias es ir llevando a la persona a que confronte su historia, sobre todo, las experiencias vividas con la madre y el padre. A algunas personas se les hace difícil hacer esto, porque los procesos de sanación suelen doler. Pero es un dolor que vale la pena para una curación total. Es como cuando una persona se quema y le echan ácidos y le raspan la piel. Este es un proceso extremadamente doloroso. Sin embargo, es muy necesario para que haya curación y la piel nueva pueda crecer.

Debemos estar dispuestos a indagar, a explorar los recuerdos y experiencias de esas etapas. Si no hacemos esto, hay altísimas probabilidades de que seguiremos en los mismos ciclos de conducta y sentimientos destructivos. Continuarán resurgiendo las necesidades del niño de manera desconcertante. Cuanto más se trata de tapar o de ignorar lo vivido, más doloroso se vuelve. Por eso necesitamos sanarlo. Contamos con la cobertura de un Dios que está dispuesto a acompañarnos en esa dura travesía. ¡Tenemos a Jesús!

Desde las etapas más tempranas percibimos las conductas de nuestros padres. Las frustraciones provocadas por la enseñanza directa o indirecta que tuvimos, nos van condicionando sobre la forma en que nos vemos a nosotros mismos y a los demás. Inclusive, la forma en que interpretamos las circunstancias de la vida. Cuando el niño interno no se siente amado, se siente criticado, abandonado, rechazado o abusado (en cualquiera de sus manifestaciones: emocional, física o sexual); puede creer que no tiene a nadie que le proteja del daño que otros le puedan hacer. Se crece con la idea de

> Cuando el niño interno no se siente amado, se siente criticado, abandonado, rechazado o abusado.

143

que si las personas que se suponía que me amaran, me respetaran, me cuidaran y me protegieran, no lo hicieron, pues entonces, qué puedo esperar de los demás.

Los niños internos abandonados se sienten vacíos, aislados y muy solos. Es por esto que pueden estar buscando cómo llenarse. Muchas veces recurren a distintas adicciones a sustancias, como el alcohol o las drogas. También pueden recurrir a relaciones codependientes, en las que aun percatándose de que no son relaciones saludables, no pueden salir de ellas. Con tal de llenarse, van por estos caminos equivocados, sin darse cuenta que no hay conexión consigo mismos, y si no se aprueban, aceptan y aman, nadie más lo hará. Yo creo que los niños que rodearon a Jesús, pudieron recibir de Él una llenura total.

Una mujer fue a mi oficina porque estaba tratando de sanar un proceso de divorcio. De lo primero que me percaté es que en sus dos matrimonios había sido codependiente. Inmediatamente fuimos a su niña interna para descubrir las raíces de estas relaciones tóxicas. Me narró que su padre biológico nunca la quiso. Cuando su madre quedó embarazada, su papá le pidió que la abortara, porque tenía una relación con otra mujer que también estaba embarazada. A pesar de todo, su madre decidió tenerla, sin ningún apoyo económico y el total abandono de su esposo. En adición a todo este proceso, su madre fue una persona que no expresaba sentimientos, poco cariñosa y aislada de sus hijos. Su mamá se volvió a casar con un hombre duro, rígido y abusador. Muchas veces ella presenció cuando su padrastro golpeaba a su mamá. Siendo muy joven, se casó y tuvo dos hijos. Durante los trece años que estuvo casada, se sintió muy sola como esposa y en la crianza de sus hijos, emocional y económicamente. A pesar de ocurrir esto, ella no protestaba, ni cuestionaba. El matrimonio colapsó cuando él le fue infiel con una pariente de ella. Entra a un segundo matrimonio en total vulnerabilidad por lo que había vivido en el primero. No se dio el tiempo para sanar y desintoxicarse, lo que es bastante típico en personas que son codependientes para llenar vacíos, cuando hay carencias afectivas de las figuras significativas de la niñez. En este segundo matrimonio, mi paciente se deslumbró. Era un hombre increíblemente detallista, sensible y trabajador. Pero también traía heridas muy profundas de la niñez. Esto se manifestó en un problema severo de adicción a la pornografía y al sexo. Lo que provocó, de acuerdo a como ella lo describe, "una vida de infierno en la que no veía la salida"; una vida muy triste y de mucha inestabilidad para ella y sus hijos.

A veces, con tal de no quedarse solas, las personas aceptan para sus vidas lo que es inaceptable negociar. Cuando esta mujer vino a buscar ayuda fue porque, aun después del divorcio, ella seguía siendo codependiente de su segundo esposo. Luego del proceso terapéutico, ha tenido unos logros preciosos. Ha aprendido a amarse y valorarse. Ya ha entendido que no tiene que rescatar a nadie más de lo que debe rescatarse a ella misma. Pudo reconocer los impedimentos que bloqueaban sus comportamientos presentes para que fueran unos de bienestar y felicidad. Ella aceptó el reto de su sanación interior y de curar a la niña, y lo ha alcanzado. Algo muy importante que logró hacer fue romper la cadena generacional. Los sufrimientos familiares y los patrones

> Los sufrimientos familiares y los patrones inadecuados pueden repetirse de una generación a otra.

inadecuados pueden repetirse de una generación a otra. Sin embargo, esta mujer es muy amorosa con sus hijos, les sirve de estímulo y apoyo. Es maravilloso cuando un descendiente, que en este caso puedes ser tú, es consciente y transforma su maldición en bendición.

> A veces, con tal de no quedarse solas, las personas aceptan para sus vidas lo que es inaceptable negociar.

Los adultos son el resultado de lo que aprendieron de niños

Si un niño vive con estímulo,
aprende a tener confianza en sí mismo.
Si un niño vive en un ambiente con temor,
aprende a sentirse con inseguridades.
Si un niño vive con amor,
aprende también a amar.
Si un niño es acusado,
aprende a sentirse culpable.
Si un niño es reconocido,
aprende a sentirse importante.
Si un niño es rechazado,
aprende a no amarse a sí mismo.
Si un niño vive con tolerancia,
aprende a ser paciente.
Si un niño es acusado,
aprende a condenar.
Si un niño crece en un ambiente sereno,
aprende a tener tranquilidad en su alma.
Si un niño es burlado,

aprende a ser acomplejado.
Si un niño es apoyado,
aprende a alcanzar metas.
Si un niño vive con seguridad,
aprende a tener fe en sí mismo y en quienes le rodean.
Si un niño es halagado,
aprende a agradarse a sí mismo.

En la medida en que el proceso de sanar el niño interno permite manifestar las emociones que de otra forma tratamos de esconder, estamos en condición de derribar las paredes defensivas. Es común que queramos ponernos máscaras y no mostrar a otros nuestras vulnerabilidades. Pero en la medida en que entramos en el proceso de explorar dentro de nosotros mismos, en lo profundo, y sacar hacia afuera emociones dañinas para restaurarnos, entonces somos libres.

> En la medida en que el proceso de sanar el niño interno permite manifestar las emociones que de otra forma tratamos de esconder, estamos en condición de derribar las paredes defensivas.

Durante muchos años, he tenido el privilegio, dado por Dios, de ayudar a personas a descubrir sus raíces y encontrar al niño interior para sanarlo. Disfruto mucho de ofrecer talleres para la sanación del niño interno. Son procesos en los que me siento muy comprometida porque, por experiencia propia, estoy segura de los grandes beneficios de someterse a esta oportunidad.

Una tarea terapéutica que ha ayudado a miles de mis pacientes es escribirle una carta al niño o niña que ha recibido heridas y que todavía vive dentro de nosotros...y siempre vivirá ahí. Deseo compartir una carta que puede servirte de modelo para que también puedas construir la tuya.

Querida niña, mi chiquita:

La mayor parte de mi vida he estado evadiendo que tú estás aquí. Debe ser porque es muy duro enfrentar lo que has tenido que pasar. Sé que no ha sido fácil. Te enterré entre los "debo", "tengo", "necesito", "quiero", "no debes", y más. Perdóname porque no te he permitido hablarme y decirme lo que es importante para ti. Juntas vamos a caminar día a día y nos vamos a dar la oportunidad de equivocarnos sin condenarnos, ni recriminarnos.

Quiero que sepas que vales mucho y que confío en ti. Te admiro porque tu corazón es muy bueno y noble. En ti no hay malicia. Has sido muy valiente por todo lo que has vivido y sigues soñando con cosas maravillosas que te van a pasar. Nunca has perdido la esperanza. Tengo que aprender más de ti sobre esto. Desde ahora somos un equipo. Trabajaremos juntas, de ahora en adelante, para ser felices. Vamos a reír, y si por alguna razón, tenemos que llorar, lloraremos juntas. Ahora somos libres, y libres seguiremos el sendero esplendoroso que nos falta transitar en el camino de Jesús.

Así como Jesús acercó a aquellos niños, hoy te toma en su regazo. En los brazos de Jesús, siempre estarás segura.

Te amo,

ORACIÓN PARA LA SANIDAD DEL NIÑO INTERNO

Padre celestial:

Escojo tener gozo, paz y libertad. Aunque gente significativa que se suponía que me amara, no me amó saludablemente. Aunque personas que se suponía que me cuidaran, no me cuidaron bien, tengo la seguridad de que tú me amas con amor eterno, y me cuidas con ternura.

Hoy recibo tu abrazo y tus caricias. Recibo la llama que enciende la esperanza en mi corazón. Hoy me siento como esos niños que se acercaron a tu hijo Jesús: protegido. Aunque haya vivido abandono, tú siempre me recogiste y siempre me recogerás.

A través de ti puedo ver que cada una de las experiencias vividas en cada una de las distintas etapas de mi historia, han sido usadas por tu amor de forma extraordinaria. Gracias Dios, por sanarme.

En el poderoso nombre de Jesús.

Amén.

EJERCICIO

Te invito a reflexionar, contestar y aplicar:

1. Redacta una carta a tu niño interno.

2. De estos mensajes, marca aquellos que recibiste en tu niñez:

___ No puedes
___ Tienes que ser fuerte
___ Me avergüenzas
___ No llores
___ No sirves
___ Eres vago
___ Te aguantas
___ Alguien decente no hace eso
___ Nadie creerá una palabra de tu boca
___ Eres egoísta
___ En ti no se puede confiar
___ Eres culpable de lo que me pasa
___ Tu hermano(a) es más inteligente que tú
___ Estás gordo
___ No vas a poder solo
___ Cállate la boca
___ Tú no sabes nada
___ Sabía que te iba a salir mal
___ No terminas nada de lo que empiezas
___ Eres como tu padre/madre

3. Añade otros mensajes a tu lista que recuerdes:

4. Identifica los mensajes negativos que te dices a ti mismo en el presente:

___ No puedo
___ Debo callarme
___ No soy capaz
___ No vale la pena
___ Es por mi culpa

___ Tengo miedo

___ Me va a salir mal

___ Voy a fracasar

___ Nunca llego a nada

___ A mí no me va a pasar

___ Ya es tarde

___ No puedo estar solo

___ Me siento inseguro

___ Me voy a quedar solo

___ No le intereso a nadie

___ Nadie me ama de verdad

___ Es muy difícil alcanzar lo que quiero

___ Siempre fallo

___ Solo a mí me pasan estas cosas

___ No tengo tiempo

5. Lo que te debes decir a ti mismo:

- Soy un ser humano maravilloso.

- He alcanzado muchas cosas buenas en la vida. Esto quiere decir que "yo sí puedo".

- Todo lo puedo en Dios.

- No tengo miedo.

- Soy fuerte y valiente.

- Todo lo que me proponga, puedo alcanzarlo. El cielo es el límite.

- Cada persona es responsable de sus reacciones y sentimientos, por eso no soy culpable de todo lo que le pasa a otros.

- Si cometo errores, los llamaré "áreas de oportunidad".

- No soy perfecto; tengo el derecho de aprender de cada una de las experiencias que tenga en la vida.

- Me fascina mi creatividad.

- Valgo mucho.

- Tengo confianza en Dios y Él en mí.

- Mi forma de ser me abre muchas puertas.

- Me amo y me acepto tal como soy.

- Dios me ha cuidado y tiene grandes cosas para mí.

CAPÍTULO OCHO

¿POR QUÉ ME HAS ABANDONADO?

*Y yo le pediré al Padre, y él les dará otro
Consolador para que los acompañe siempre:
el Espíritu de verdad, a quien el mundo
no puede aceptar porque no lo ve ni lo
conoce. Pero ustedes sí lo conocen, porque
vive con ustedes y estará en ustedes.*
Juan 14:16–17, NVI

Las últimas palabras que una persona dice en su lecho de muerte suelen causar impacto. Tal vez puedes recordar las palabras de una persona significativa en tu vida y qué fue lo que dijo antes de morir. Puede que hayan habido palabras que pronunció a lo largo de su vida que te marcaron. Pero seguramente, esa última conversación jamás podrás olvidarla. Todo lo que Jesús dijo en su tránsito por la tierra fue poderoso y transformador, pero lo que dijo en la cruz contiene gran profundidad.

En una ocasión, tomé un estudio bíblico en donde el maestro planteó que los historiadores romanos revelaron que los crucificados decían todo tipo de improperios y maldiciones. Al punto, donde a muchos de ellos había que cortarles la lengua para silenciarlos. Aquellos maleantes, crucificados al lado de Jesús, seguramente estaban lanzando todo tipo de veneno verbal. Que sepamos, nada había hecho gritar a Jesús, hasta que sintió que el Padre lo había abandonado.

> Todo lo que Jesús dijo en su tránsito por la tierra fue poderoso y transformador, pero lo que dijo en la cruz contiene gran profundidad.

Jesús, al igual que todas las personas dentro de un perfil psicológico, tenía necesidades emocionales de protección y seguridad. La sensación de abandono emocional se produce cuando se experimenta la pérdida de conexión con alguien que es significativo. El sentimiento de abandono provoca tristeza, soledad y malestar.

"A eso de las tres de la tarde, Jesús clamó en voz fuerte: «Eli, Eli, ¿lema sabactani?», que significa «Dios mío, Dios mío, ¿por qué me has abandonado?»" (Mateo 27:46, NTV). Estas palabras de Jesús y el hecho de que las gritara,

reflejan claramente que Él podía soportar que el peso del pecado del mundo cayera sobre su cuerpo y alma, pero no podía soportar la sensación de que el Padre lo había abandonado y desamparado. Esto nos indica que el Padre celestial era su apoyo emocional fundamental. El abandono solo afecta negativamente si, quien interpreto que me ha abandonado, es una figura importante.

> El abandono solo afecta negativamente si, quien interpreto que me ha abandonado, es una figura importante.

A través de los Evangelios vemos cómo había una dependencia constante de Jesús con el Padre y, a la vez, cómo el Padre estuvo siempre a la disposición de Jesús. Siempre se manifiesta una interrelación integral. Pero en el momento de la crucifixión, donde Dios actúa como juez sobre el cordero inmolado que quitaría el pecado de toda la humanidad, el Padre asumió una posición de abandono para que se cumpliera todo lo que ya había sido profetizado sobre el Mesías prometido.

¡Cuán duro, a nivel emocional, tuvo que haber sido para Jesús la sensación de que el Padre lo había abandonado! Él estaba allí, vilmente muriendo, después de haber sido azotado, injuriado y maltratado. Estaba ensangrentado, su cuerpo en carne viva y deshidratado. Por la información que revelan las Sagradas Escrituras, asumimos que Jesús estuvo callado en los momentos en que fue abofeteado, cuando le colocaron la corona de espinas y aún en el momento en que lo clavaban en la cruz. Sin embargo, mientras

> ¡Cuán duro, a nivel emocional, tuvo que haber sido para Jesús la sensación de que el Padre lo había abandonado!

estaba en estas tortuosas y angustiantes situaciones, exclusivamente la sensación de que el Padre lo había abandonado fue lo que lo hizo gritar: «*Eli, Eli, ¿lema sabactani?*». Sentirse abandonado es equivalente a experimentar un pasillo oscuro e infinito de soledad.

¿Te has sentido abandonado por el Padre?

En estos años como terapeuta, me he percatado de que una de las experiencias más dolorosas que puede enfrentar un ser humano es precisamente la soledad. Puede ser que hayas experimentado momentos en tu vida en los que, como Jesús, has tenido la sensación de que Dios, el Padre, te ha abandonado. Posiblemente, haz dicho argumentos como estos: "Pero si Dios es todopoderoso, Él pudo haber detenido esto"; "Dios supuestamente me ama, ¿y ha permitido que me pase esto a mí?"; "Pero Él me hizo una promesa, y ¿por qué no se cumplió?"; "Creo que Dios me debió haber ahorrado este dolor"; " ¿Cómo puedo confiar en un Dios así?"; "Si yo sirvo a Dios y hago el bien, ¿por qué Él permitió que me pasara esto?"; "Dios parece que se está deleitando en dejarme en vergüenza"; "No entiendo a Dios".

Es común encontrar en la Biblia distintos personajes que se sintieron abandonados, defraudados, confusos y con coraje contra Dios. En los Salmos encontramos algunos de estos:

"¿Hasta cuándo Jehová? ¿Me olvidarás para siempre?
¿Hasta cuándo esconderás tu rostro de mí?...
¿Hasta cuándo será enaltecido mi enemigo sobre mí?".
(Salmo 13:1–2,
Salmo de David)

"Todo esto nos ha venido, y no nos hemos olvidado de ti, y no hemos faltado a tu pacto. No se ha vuelto atrás nuestro corazón, ni se han apartado de tus caminos nuestros pasos, para que nos quebrantases en el lugar de chacales y nos cubrieses con sombra de muerte... Despierta; ¿por qué duermes, Señor? Despierta, no te alejes para siempre. ¿Por qué escondes tu rostro, y te olvidas de nuestra aflicción, y de la opresión nuestra?".

(Salmo 44:17–19, 23–24,
Salmo de los hijos de Coré)

"Al Señor busqué en el día de mi angustia; alzaba a él mis manos de noche, sin descanso; mi alma rehusaba consuelo. Me acordaba de Dios, y me conmovía; me quejaba, y desmayaba mi espíritu. No me dejabas pegar los ojos; estaba yo quebrantado, y no hablaba. Consideraba los días desde el principio, los años de los siglos. Me acordaba de mis cánticos de noche; meditaba en mi corazón, y mi espíritu inquiría: ¿Desechará el Señor para siempre, y no volverá más a sernos propicio? ¿Ha cesado para siempre su misericordia? ¿Se ha acabado perpetuamente su promesa? ¿Ha olvidado Dios el tener misericordia? ¿Ha encerrado con ira sus piedades?".

(Salmo 77:2–9, Salmo de Asaf)

Job dijo: *"Más yo hablaría con el Todopoderoso, y querría razonar con Dios... ¿Por qué escondes tu rostro, y me cuentas por tu enemigo?".*

(Job 13:3, 24)

Podemos ver en estos personajes bíblicos la sinceridad con Dios. Ellos fueron delante de Él y le dijeron exactamente cómo se sentían. Yo creo que a Dios le agrada mucho ver la transparencia de nuestros sentimientos. Total, Él los conoce aún antes de que las palabras salgan de nuestra boca. El Dios que hemos conocido es un Dios personal, quien nos entiende y nos ama. La parte que debemos cuidar es cuando nuestra transparencia cruza una línea y entonces se convierte en un reclamo. Debemos cuidarnos de nuestro orgullo, la insubordinación y las exigencias. Dios es Dios y nosotros no lo somos. Él es Soberano.

Lo que suele ser más complicado es entender que en el gran amor que Dios nos tiene, aun cuando lo hemos sentido distante, Él ha estado allí, más cerca que nunca. Dios obra en medio de toda situación, sobre todo, en aquellas que te han dolido más. Él es capaz de utilizar las pérdidas más fuertes y las circunstancias más desgarradoras, para exaltar su gracia y misericordia. Han sido oportunidades para derramar su fidelidad. Cuando miro atrás, puedo ver que cada evento en mi vida ha desencadenado algo maravilloso de parte de Dios. Por eso me considero un testimonio vivo de su poder, y tú lo eres también. Tengo recuerdos muy claros de las veces que le he reclamado a Dios, pero al final del camino, Él siempre me demuestra que su plan ha sido perfecto.

Podemos afirmar que el sentimiento de abandono y coraje con Dios puede venir a causa de que ha habido algo que, según tú, Él no te ha dado o un sueño que no has podido realizar. Tal vez tu ira con Dios viene por estar soltero en

> Debemos cuidarnos de nuestro orgullo, la insubordinación y las exigencias. Dios es Dios y nosotros no lo somos. Él es Soberano.

una sociedad que tiene una mentalidad de que estar completo es estar casado. El no haber tenido hijos cuando es una exigencia cultural apremiante. Un ascenso que le dieron a otra persona en tu trabajo, y a esa persona la consideras menos eficiente que tú. El que no tengas una posición ministerial en este momento, y habías creído que a esta fecha la tendrías. O podría ser que estés en un hoyo económico y sientes que no has visto la justicia de Dios sobre tus finanzas. Todas estas pueden ser fuentes de disgustos contra Dios y pueden ir acompañadas de reclamos: ¿Por qué te burlas así de mí?; ¿Por qué me dejas en vergüenza?; ¿Por qué se lo has dado a otros y a mí no? Todo esto implica sentimientos de abandono también.

> El sentimiento de abandono y coraje con Dios puede venir a causa de que ha habido algo que, según tú, Él no te ha dado o un sueño que no has podido realizar.

Ciertamente tenemos la alternativa de quejarnos, pero tenemos otra muy poderosa: confiar en que Dios sabe lo que hace, que todo lo que ha ocurrido ha pasado así para pulirnos y hacernos crecer. No es fácil, pero sí es posible someter nuestros pensamientos a la voluntad de Dios para nosotros, porque esa siempre es mejor que nuestros planes. Es glorioso llegar a ese nivel donde podemos descansar en que Dios está en control del proceso y que debemos disfrutar del misterio.

> No es fácil, pero sí es posible someter nuestros pensamientos a la voluntad de Dios para nosotros, porque esa siempre es mejor que nuestros planes.

Los pilotos aéreos tienen que aprender a leer sus instrumentos de vuelo y confiar en ellos.

Cuando atraviesan una tormenta o tienen poca visibilidad, pueden desorientarse, alterarse su sentido de dirección, y hasta confundirse fácilmente y tomar decisiones que ponen en riesgo sus vidas. En esas situaciones, tienen que hacer una elección consciente de creer en los instrumentos de vuelo, más que en sus instintos o sentimientos. Para los creyentes, la Palabra de Dios es nuestro tablero de instrumentos. Habrá momentos en nuestra vida cuando, en medio de "condiciones de poca visibilidad", nuestros sentimientos nos traicionen y contradigan su Palabra, insistiendo que Dios no nos cuida o que ha cometido un error. En ese momento, debemos elegir no creer en nuestros sentimientos, sino confiar en que su instrumento nos dice la verdad. La Biblia nos dirige a confiar en Dios, ¡y a creer que el fin del proceso es bueno! Que todo lo que en un momento dado no tiene sentido para mi limitado marco de referencia, luego nos es esclarecido.

> La Biblia nos dirige a confiar en Dios, ¡y a creer que el fin del proceso es bueno!

Hay gente que, por sus propias experiencias de vida, han distorsionado quién es Dios. Por ejemplo, ha sido estudiado que podemos transferir hacia Dios asuntos no resueltos con nuestros padres. Dado que Dios es una figura de autoridad, dominio y paternidad, podemos atribuirle características que veíamos en nuestros padres. Es decir, podemos sentirlo como un padre desconsiderado o una madre indiferente. Podemos verlo como un padre ausente o una madre injusta. Si has sido abandonado, crees que Dios también te abandona. ¡Pero Dios no es así!

Atributos de Dios

Permíteme mostrarte algunas características o atributos de Dios que pueden ayudarte a conocer verdaderamente quién es Él. Cuando sabemos quién es Dios, y llegan situaciones difíciles e inesperadas a nuestra vida, podemos mantener la calma y la confianza de que Él está con nosotros y nunca nos abandona.

- **Dios es siempre fiel**
  La fidelidad de Dios es muy grande. Él es fiel a lo que ha establecido con tu vida. Si las promesas provienen de Dios, no debes dudar de que en su tiempo perfecto habrán de cumplirse. A veces nos confundimos pensando que Dios no es fiel, porque algo no se cumplió en el tiempo que teníamos establecido según nuestros criterios. Pero Dios es soberano, Él hace como Él quiere y cuando Él quiere. Él sabe el tiempo y momento preciso para cumplir lo que prometió.

Otra dimensión de la fidelidad de Dios es que, aun cuando nosotros le fallamos, Él está obstinado en no fallarnos a nosotros. La Biblia dice: *"Si fuéremos infieles, él permanece fiel; él no puede negarse a sí mismo"* (2 Timoteo 2:13). ¡Qué gran descanso trae a nuestra alma saber que Dios siempre nos cuida, nos libra del mal y cumple lo que

> Si las promesas provienen de Dios, no debes dudar de que en su tiempo perfecto habrán de cumplirse.

> ¡Qué gran descanso trae a nuestra alma saber que Dios siempre nos cuida, nos libra del mal y cumple lo que promete!

promete! Él siempre obrará movido por el amor y por su anhelo de darnos la victoria.

• **Dios ve lo que tú no puedes ver**
El Señor es omnisciente, está en todas partes y en todo tiempo. Él lo conoce todo y lo ve todo. Dios ve más allá. Dios conoce nuestras limitaciones y las de los demás. Basado en esta cualidad de Dios es que suceden o no suceden muchas cosas. Nuestra vista tiene unas limitaciones, tanto físicas como espirituales. Pero Dios lo ve todo y Él obrará a nuestro beneficio por lo que Él ve.

En Isaías 55:8–9 dice: *"Porque mis pensamientos no son vuestros pensamientos, ni vuestros caminos mis caminos, dijo Jehová. Como son más altos los cielos que la tierra, así son mis caminos más altos que vuestros caminos, y mis pensamientos más que vuestros pensamientos"*. Así que, no importa lo que suceda en tu vida, aunque de acuerdo a tu razonamiento no es lo que se supone que pase, o no pasó lo que se suponía que pasara, puedes mantener la paz de que en el pensamiento de Aquel que lo ve todo, fue lo mejor para ti.

• **Dios está lleno de misericordia**
Hay una gran cantidad de personas que tienen coraje con Dios, porque sienten que lo que les está pasando es resultado del juicio de un Dios castigador. Ven a Dios como un ser maquiavélico y sádico. Tal vez alguien, muy equivocadamente, te ha hecho creer esto. En Salmo 86:5 dice: *"Porque tú, Señor, eres bueno y perdonador, y grande en misericordia para con todos los que te invocan"*. Puedes tener la

seguridad de que si buscas a Dios con toda tu mente, encontrarás su misericordia, bondad y perdón.

Tener el concepto adecuado y correcto de un Dios lleno de misericordia, principalmente, nos proporciona libertad. No hay nada más liberador que saber que Dios es movido hacia nuestra vida con un profundo amor, sin un látigo para destruirnos. Todo lo contrario, su misericordia nos persigue y se renueva todos los días (ver Lamentaciones 3:22–23).

> Puedes tener la seguridad de que si buscas a Dios con toda tu mente, encontrarás su misericordia, bondad y perdón.

• **Dios nunca miente**

Posiblemente, te has encontrado a lo largo de tu vida a mucha gente que te ha mentido. Sin embargo, deseo que esto se grabe en todo tu ser: aunque otros te han mentido, Dios nunca te ha mentido, ni te mentirá.

El devorador y los devoradores que se aparecen en el camino pueden incitarnos a creer que Dios ha mentido. ¡Esa sí es una gran mentira! A veces, éstos usan el tiempo que llevamos esperando para confundirnos y desanimarnos. Inyectan en nosotros la duda. Si hay incredulidad, nos perdemos de muchas bendiciones que están esperando por nosotros. La mejor arma para combatir es lo que dice en Tito 1:2: *"…en la esperanza de la vida eterna, la cual Dios, que no miente, prometió desde antes del principio de los siglos".*

• **Dios no tiene variación**

Contamos con un Dios que es el mismo ayer, hoy y siempre. Este atributo de Dios debe darnos estabilidad. Él no cambia. Nosotros, por nuestra naturaleza almática (regidos predominantemente por nuestras emociones), solemos ser bastante cambiantes. Hoy queremos una cosa y mañana otra. Sin embargo, Dios, lo que ha establecido, lo estableció y punto.

En las terapias me encuentro con muchas personas que sus crisis están basadas en la inestabilidad y frustración que sienten hacia Dios, porque sienten como si Él hubiera cambiado los planes. Podemos pasar distintas situaciones de mucha presión, pero su Palabra y la victoria que viene de Dios no tienen variación. En Juan 16:33, Jesús dijo: *"Estas cosas os he hablado para que en mí tengáis paz. En el mundo tendréis aflicción; pero confiad, yo he vencido al mundo"*.

> Podemos pasar distintas situaciones de mucha presión, pero su Palabra y la victoria que viene de Dios no tienen variación.

Gracias a la redención, es decir, a su perdón infinito, al poder de la salvación y a su gracia, podemos ser capacitados para vencer los sentimientos de abandono con Dios. Cuando somos golpeados en este transitar, porque esto es parte de la humanidad, debemos mantenernos seguros bajo la cobertura de un Dios que nos ama.

El Señor me ha convencido que mientras más yo viva bajo su cuidado y en mayor dependencia de Él, más liviano es este viaje misterioso que llamamos vida. Aún en medio de los anhelos insatisfechos, puedo adorarlo y bendecirlo. El Dios que me cuida está obrando para mi bien. No siempre podré entenderlo, pero sí le creo.

> El Dios que me cuida está obrando para mi bien. No siempre podré entenderlo, pero sí le creo.

ORACIÓN POR LA COBERTURA DE DIOS

Querido Dios:

Aunque por algunos embates de la vida sienta que me has abandonado, hoy le recuerdo a mi alma que tú siempre estás ahí. Me prometiste que, cuando padre, madre, hermanos, amigos, parejas o hijos me dieran la espalda; tú estarías conmigo y que nunca me dejarías. Tu amor es así. Es un amor que siempre está presente.

Me permito recordar que no ha habido un solo día de mi vida donde no haya experimentado tu cobertura. En esa cobertura y protección hay: serenidad, seguridad, dirección clara, sanación, inspiración para vivir, alivio, liberación, fortaleza, poder.

Gracias Dios, por la invitación permanente a ser consciente de que no estoy solo y que nunca me abandonas.

En el poderoso nombre de Jesús.

Amén.

EJERCICIO

Te invito a reflexionar, contestar y aplicar:

¿Alguna vez, frente a una desilusión o anhelo insatisfecho, has dudado del amor y el cuidado de Dios?

Cuando una petición no te es contestada, ¿cómo reaccionas ante Dios?

Cuando pasas por situaciones difíciles en tu vida, ¿cuál es tu visión sobre el carácter de Dios?

¿Qué es lo que testificas a otros en cuanto a quién es Dios, cuando estás en tribulaciones o angustias?

¿Qué puedes hacer para profundizar tu confianza en Dios en medio de las dificultades de la vida?

Construye un "Inventario de bendiciones". Es decir, haz una lista de diez eventos en tu vida en los cuales Dios te ha mostrado su amor, su misericordia y donde Él ha estado presente:

1.

2.

3.

4.

5.

6.

7.

8.

9.

10.

CAPÍTULO NUEVE

RESTAURACIÓN INQUEBRANTABLE

El ladrón no viene más que a robar, matar y destruir; yo he venido para que tengan vida, y la tengan en abundancia.
Juan 10:10, NVI

Todos hemos sido lastimados a un mayor o menor grado en la historia de nuestra vida. Algunas heridas pueden ser superficiales y otras más profundas. Unas nos las ocasionaron de forma consciente y otras de forma inconsciente. Por experiencia propia, he llegado a la convicción de que la mayoría de ellas fueron causadas sin intención planificada.

Ahora bien, independientemente de esto, hay que estar alerta a que esas heridas no se infecten y alteren nuestro presente, aun cuando las hayamos experimentado hace mucho tiempo. ¡Qué bueno que podemos contar con el amor de Jesús!... que no solamente vino a salvarnos, sino también a sanarnos, y sus experiencias de dolor en la tierra también nos enseñan mucho.

Jesús ha sido maravilloso en lo que ha manifestado sobre cómo ver cada experiencia de dolor con amor y perdón. Seguramente, siendo para Él un reto mayor el hecho de que quienes más lo lastimaron fueron, por un lado, los religiosos y, por el otro lado, la gente en la que confió. Nunca se ve igual la traición cuando viene de alguien a quien es considerado amigo o familia. ¡Esos son los daños más profundos!

Me entristece mucho ver que las heridas más graves de la gente, como le ocurrió a Jesús, han sido ocasionadas por gente religiosa. Que los que han sido más viles, más injustos y más crueles son los religiosos, quienes hablan en nombre de Dios. Que en ocasiones quienes les han traicionado, calumniado y destrozado de forma más profunda son aquellos que se autodenominan "siervos de Dios".

En la vida de Jesús, quienes le causaron mayor dolor y de quienes recibió el peor rechazo fue de aquellos mismos para los que Él vino. Las blasfemias más despiadadas que se lanzaron contra el Maestro no vinieron, ni de los romanos ni de los griegos, ni de los paganos, ni de los gentiles, sino de los que eran vistos como el pueblo de Dios. Estos mismos, a quienes Jesús se les reveló, pero no le conocieron (Juan 1:11), lo acusaron de blasfemo (Mateo 9:3), planificaron como arrestarlo (Mateo 26:3–4) y tramaron matarlo (Mateo 12:14). Sin embargo, la Biblia no registra que Él viviera atormentado por lo que le habían hecho.

Jesús activó siempre la asertividad y la compasión. Para nosotros puede ser normal que nos den deseos de ir allá, ir a ese momento, ir a esa decisión, ir a esas palabras o ir a esa acción. O, en otros momentos, nos lleva nuestra mente y simplemente no quisiéramos jamás ir ahí. Aunque no pretendamos vivir en el pasado, es común que los fragmentos del ayer continúen dando vueltas en nuestro interior.

> Jesús activó siempre la asertividad y la compasión.

Es emocionante cuando recordamos momentos felices, llenos de logro, vigor, pasión, entusiasmo y satisfacción. Si ahora te pidiera que hagas este ejercicio, nada ni nadie podría impedir que en tus labios se dibuje una hermosa sonrisa. Yo estoy segura que has tenido muchos de esos momentos en tu vida. Sin embargo, por otro lado, pueden asomarse eventos que nos ocurrieron y que nos dejaron pena, dolor emocional, remordimiento, coraje, ira, desolación, amargura, vergüenza, dudas y humillación.

La mochila de las circunstancias de tu vida está llena. Seguramente ya te has dado cuenta que cargar con toda esa parafernalia, a dondequiera que vayas, es cargar con un lastre. Esos lastres tienen un impacto en las distintas áreas de nuestro ser: en lo psicológico, social, físico y espiritual. Hoy sientes que eres resultado de todas esas experiencias.

Sea que el dolor de lo que pasó aflore fácilmente a la superficie o se esconda en lo profundo de tu alma (mente y sentimientos), lo que te pasó podría estar impidiendo que llegues a ser todo lo que ha sido destinado por Dios que seas. ¿Cuál es el propósito de Dios para tu vida? Su voluntad es que seas feliz, que tengas una vida en plenitud y victoria. Hay un plan que proviene del cielo de que se maximice tu potencial. Puede ser que muchas cosas que no has visto, aun algunas que has reclamado pero no han llegado a su cumplimiento, tienen que ver con tus manos demasiado llenas con lo que pasó.

> ¿Cuál es el propósito de Dios para tu vida? Su voluntad es que seas feliz, que tengas una vida en plenitud y victoria.

Dios, en su Palabra, habla de sacar lo viejo para darle espacio a lo nuevo. Casi siempre lo viejo está asociado a:

- Tener remordimientos por decisiones que nosotros hemos tomado.

- Sentir amargura o miedos generados por daños que nos hicieron otros.

Esto quiere decir que, o estás sufriendo como consecuencia de elecciones que has tomado, de acciones o comportamientos, o has sido víctima de las circunstancias y situaciones externas a tu control. Hay personas que sienten que siguen sufriendo por ambas.

> Dios, en su Palabra, habla de sacar lo viejo para darle espacio a lo nuevo.

Sabemos que si lo que necesitamos en la casa son muebles nuevos, la mejor manera de tenerlos es desechando los viejos. Cuando queremos añadir ropa nueva al armario nos lanzamos al proyecto de desechar lo que ya no usamos. Hacemos espacio para lo nuevo y, al hacerlo, estimulamos su llegada. Esto mismo ocurre cuando necesitamos una vida liberada y apacible. Tenemos que deshacernos de aquellas cosas que ya no nos son útiles, es más, que nos estorban.

Si logramos reconocer que hay libertad en cerrar esas puertas, ¿por qué es tan difícil soltar los problemas y las cargas del ayer? Quisiera compartir contigo algunos obstáculos comunes que he encontrado en mis pacientes.

- **Nuestra mente lo graba todo.** Es una realidad probada científicamente que en nuestra mente, tal y como en una computadora, todo queda almacenado. Con la diferencia de que aquí no está la tecla de "Borrar". Absolutamente, todos nuestros acontecimientos quedan guardados en nuestro interior. Algunos los ponemos en el nivel consciente y los más lejanos, o los más dolorosos, los ponemos en la mente inconsciente.

- **Se convencen de que es imposible dejar ir.** Algunas personas han creído la falsa idea de que nunca podrán reconstruir esa experiencia que les ha dolido tanto. Reconozco como terapeuta, y por mis propias experiencias, que no es fácil; que hay unos eventos que tomarán más tiempo que otros para ser sanados. Pero sí es posible lograrlo.

- **Siguen repasando el pasado.** Repasar los eventos dolorosos en la mente una y otra vez es angustiante y muy doloroso. Cada vez que le permitimos a ese recuerdo dominar un momento de nuestro presente, estamos reviviendo el incidente del ayer. Es importante tener claro que esto no abona nada positivo a nuestra vida. Todo lo contrario, te roba la paz. Hay personas que tienen muchas bendiciones en el presente y no las disfrutan, porque constantemente siguen trayendo a su memoria aquello de lo cual ya no se puede hacer nada para cambiarlo.

- **Constantemente siguen hablando de lo que pasó.** ¿Conoces a alguien que casi todo el tiempo lo que hace es hablar de lo que le ocurrió o lo que le hicieron? ¿Sí? Yo espero que esa persona que conoces no es la que tiene este libro entre sus manos ahora. Las personas que hablan solo de lo mismo parecen un disco rayado. Ya uno se conoce la queja de memoria. Si eres tú, debes estar muy agotado de eso. No solo se agotan las personas que te escuchan, sino tú también. Es muy saludable contar con un amigo, o mejor aún, un profesional de ayuda que te escuche. La ventilación en sí misma es una herramienta de sanación. Pero, por favor, comprende que llega el momento donde seguir hablando de eso

> Es muy saludable contar con un amigo, o mejor aún, un profesional de ayuda que te escuche.

te estanca en el mismo lugar y atrasa el proceso de perdón. Esto no es sencillo de hacer cuando todavía se siente dolor emocional. Sin embargo, el dolor emocional irá disminuyendo mientras te liberes de los acontecimientos al no repetirlos más. Es decir, para cerrar esa puerta te digo con amor y respeto: ¡Cierra esa boca!

- **Siguen creyendo que "cualquier tiempo pasado fue mejor".** Este es un refrán popular que lleva a la nostalgia. Hay gente que vive en el pasado y se pierden el presente, porque les hubiera gustado quedarse allá. Una pregunta típica que le hago a las personas que se sienten así es: ¿Fueron esos días tan felices realmente como tus recuerdos te los muestran hoy? Muchas veces, la conclusión es que no. En ese tiempo hubo desafíos como los hay ahora. Esto es así, porque la vida siempre ha tenido retos y siempre los tendrá. Lo que ocurre es que nuestra felicidad no depende de lo que pasó, ni de lo que pasará, sino de interpretaciones que yo hago sobre las circunstancias. Podemos llegar a ser esclavos de la percepción de un "pasado positivo", y eso puede afectar tanto como quien se queda en un "pasado negativo". Los recuerdos agradables de forma exagerada pueden acallar la realidad y estancar a las personas. Incluso, no les permite valorar lo de hoy, porque lo de ayer supuestamente fue mejor.

Lo que pasó no tiene que definir quién eres hoy

En ocasiones es difícil diferenciar lo que nos ha ocurrido con quienes somos hoy. He conocido miles de personas en mi consultorio de terapia clínica que han perdido su identidad. La identidad que creen y viven es la del dolor de ayer. Como, por ejemplo, cuando escucho a alguien decir: "Soy una persona que sufrió mucho en la niñez" o "Soy una persona que le ha ido mal en las relaciones de pareja". Eso es una realidad en la persona, pero no tiene que seguir definiendo quién es.

¡Tú no eres tu pasado! Es cierto que muchas cosas en nosotros son formadas por causa de nuestra historia. Pero lo que fue ayer no tiene que controlar la persona que potencialmente llegues a ser hoy, ni tampoco la que serás mañana. De hecho, creo con todo mi ser que al terminar de leer este libro y practicar los ejercicios, tampoco serás la misma persona.

> Lo que fue ayer no tiene que controlar la persona que potencialmente llegues a ser hoy, ni tampoco la que serás mañana.

Pensamientos y palabras para dejar ir lo que pasó

Una de las herramientas más poderosas que Dios te ha dado para lograr los retos que te estamos planteando es controlar lo que piensas y lo que sale por tu propia boca. Si ya tú has aceptado que has tenido dificultad para superar un evento del pasado, empieza por analizar tu habitual forma de pensar y hablar. Una razón práctica de por qué los pensamientos son tan decisivos es porque toda emoción es precedida por un pensamiento. Como piensas, así te sientes. Tu conversación interna condicionará tu estado anímico. Tus pensamientos son altamente muy poderosos. Las investigaciones revelan que en un *día común* las personas tienen pensamientos negativos en un ochenta por ciento. ¡Imagínate en un *día malo*!

> Una razón práctica de por qué los pensamientos son tan decisivos es porque toda emoción es precedida por un pensamiento.

Los pensamientos suelen transformarse en palabras. Las palabras que utilizamos tienen un tremendo impacto. De hecho, la Biblia nos habla del poder que hay en nuestra lengua y de lo que sale por nuestra boca (Proverbios 18:21). Nuestras palabras tienen impacto sobre los demás, pero el impacto mayor es sobre nosotros mismos.

Declara algo bueno para ti con respecto a la sanidad de tu pasado y déjalo ir. Puede ser que no te lo creas. No importa. Sigue repitiéndolo hasta que lo creas y eso se convierta en tu realidad. Utiliza el nombre de Jesús para afirmarlo. En el nombre de Jesús hay poder. Es el nombre de Aquel que entiende tu dolor, porque Él también fue herido.

> Nuestras palabras tienen impacto sobre los demás, pero el impacto mayor es sobre nosotros mismos.

ORACIÓN PARA SOLTAR EL PASADO

Preciado Dios, de mi alma y de mi ser:

Ayúdame a vivir el momento presente y a disfrutarlo a plenitud. Ayúdame a deleitarme en la bondad, la dicha, la belleza y la paz de este día que nunca más se repetirá. Ayúdame a recordar que todo lo que necesito está presente en este mismo instante que estoy viviendo ahora.

Ayúdame a soltar las cosas que me están arrastrando hacia abajo y haciéndome retroceder. Ayúdame a lanzar de mis manos todo aquello que me impida tenerlas vacías para tomar lo nuevo que tienes preparado para mí. Ayúdame a descansar en la promesa de que todas las cosas viejas pasaron y que tú haces todo nuevo para la gloria tuya.

En el poderoso nombre de Jesús.

Amén.

EJERCICIO

Te invito a que cada día repitas estas palabras. No te canses de hablarlas hasta que sientas que dejas ir eventos dolorosos.

"Yo escojo ser libre.

Yo soy libre de todo dolor, iras y temores.

Decido que reacciono como si hubiera encontrado un tesoro, porque perdono.

Dejo ir saludablemente.

Dejar ir es para mí más fácil de lo que pensaba.

Dejar ir me hace sentir feliz y sin cargas.

*Decido no sufrir más por cosas que ya no tienen
    importancia.*
*Decido no sufrir más por cosas que ya no puedo
    cambiar.*
Dejo ir, sin resentimiento.
*Cuanto más me libero del resentimiento, más amor
    tengo para dar.*
Dejo ir...
Sabiendo que cuando dejo ir...
*Cierro una puerta y abro otra puerta que me
    permitirá encontrar algo mejor.*
Dios quiere hacer algo nuevo.
Hoy se abre una brecha.
*Me enfrento a una extraordinaria oportunidad para
    empezar otra vez.*
*Miro hacia adelante...con optimismo, con
    esperanza...y con toda seguridad de que lo que me
    espera es maravilloso.*
¡Lo recibo!".

*"Olviden las cosas de antaño; ya no vivan en el pasado.
¡Voy a hacer algo nuevo!".*
                                    —Isaías 43:18–19, NVI

Que lo único que te lleve a mirar hacia atrás sea la intención de ver de dónde te sacaron, de dónde has sido libertado y lo bueno que ha sido Dios.

Que para lo único que te voltees hacia el pasado sea para reconocer lo fuerte y valiente que tú has sido.

"...Dios restaura lo que pasó".
                                    —Eclesiastés 3:15

CAPÍTULO DIEZ

JESÚS Y LA GRATITUD

*Entonces quitaron la piedra. Jesús alzó los
ojos a lo alto, y dijo: Padre, te doy gracias
porque me has oído. Yo sabía que siempre
me oyes; pero lo dije por causa de la multitud
que me rodea, para que crean que tú me
has enviado. Habiendo dicho esto, gritó
con fuerte voz: ¡Lázaro, ven fuera!...*
Juan 11:41–43, NVI

Cuando repaso mi vida y veo la forma tan increíble en cómo se ha desarrollado, con todas las enseñanzas que he aprendido provenientes del Señor, me siento muy agradecida y creo que cada experiencia vivida ha valido la pena y el esfuerzo. La gratitud es un sentimiento de aprecio y agradecimiento por las bendiciones o los beneficios que hemos recibido. Al cultivar una actitud de agradecimiento, seremos más felices y más fuertes espiritualmente. A través de lo que vemos en los Evangelios, identificamos que Jesús fue una persona que demostraba agradecimiento al Padre celestial.

Jesús dio gracias

"Entonces quitaron la piedra de donde había sido puesto el muerto. Y Jesús, alzando los ojos a lo alto, dijo: Padre, gracias te doy por haberme oído" (Juan 11:41, énfasis añadido). Antes de que en efecto se manifestara el milagro de la resurrección de su amigo Lázaro, ya Jesús le estaba dando gracias al Padre porque lo había escuchado. He aquí una enseñanza sobre la gratitud, y es esta: Debemos dar gracias a Dios anticipadamente por el milagro que estamos esperando, aunque nuestros ojos físicos aun no lo hayan visto o nuestros oídos físicos aun no hayan escuchado nada. Lázaro todavía no había salido del sepulcro, solo habían quitado la piedra, pero Jesús daba gracias porque ya sabía que Dios lo resucitaría. Por esto es que en la escena de la muerte de Lázaro, todos los que estaban alrededor de Jesús estaban frustrados, desconcertados y ansiosos, mientras que el Señor estaba en paz.

Dar gracias antes de la manifestación de la oración contestada es una demostración de confianza incondicional en el Padre celestial. Es como decirle a Dios: "Yo sé, de que sé, de que sé, que tú lo vas a hacer". Jesús tenía total convicción de que un hombre muerto, envuelto en ataduras, obedecería la orden de salir fuera del sepulcro. En efecto, manifestó el poder incomprensible de quien está por encima de las leyes de la ciencia. Las conexiones fisicoquímicas en el cerebro se ordenaron, el sistema cardiovascular se repuso, los pulmones y los riñones se activaron y la vida se hizo una realidad en aquel muerto.

> Dar gracias antes de la manifestación de la oración contestada es una demostración de confianza incondicional en el Padre celestial.

"Y habiendo tomado la copa, dio gracias, y dijo: Tomad esto, y repartidlo entre vosotros".
—Lucas 22:17, énfasis añadido

Jesús dio gracias en lo que conocemos como la última cena. Se encontraba a la puerta de enfrentarse a un rudo arresto. Sus amigos lo iban a abandonar. Judas lo traicionaría. Estaba a pocas horas del escarnio y la tortura. Sería tratado sin misericordia alguna. Destruirían su cuerpo. ¡Qué lección tan extraordinaria nos da el Maestro! Aunque las circunstancias que estaba enfrentando, y aún más las que enfrentaría, eran sumamente trágicas, no perdió la sensibilidad en ningún momento para mantenerse en una actitud de agradecimiento.

Suele ser difícil expresar gratitud cuando estamos pasando por un periodo malo o la vida no nos va como creemos o hemos planificado que debe irnos. En esas ocasiones, lo más probable es que nos sintamos confundidos, turbados, resentidos y heridos. Esta reacción es perfectamente normal. Es bien sencillo dar gracias cuando estamos caminando en las victorias, el triunfo, la petición contestada y los logros. Pero cuando se asoman las desgracias, lo menos que se nos puede ocurrir es dar gracias en ese momento.

Seguramente, te ha pasado igual que a mí, que ha habido ocasiones en las que en contraposición a dar las gracias, puedes inclusive entrar en la zona de hacer reclamos. Pero es interesante que después de pasar por momentos difíciles, al mirar retrospectivamente, solemos ver que había algo importante y necesario que el Señor quería darnos a través de esa experiencia. He vivido que a veces han tenido que pasar meses, de hecho hasta años, pero finalmente me percato que detrás de esas vivencias había enormes lecciones. Hoy puedo dar las gracias, porque todo lo que el Señor me ha permitido vivir, ha provocado un despertar, una valoración de las cosas a las que tal vez, en otro momento, no le daba tanto valor, y se abrió una puerta nueva y gloriosa, como consecuencia de esas vivencias que en algún momento interpreté como negativas.

> Jesús dio gracias por el pan, por su cuerpo que sería molido y por la copa, que tipificaba la sangre que derramaría en la cruz.

Si en estos momentos, estás en una situación difícil a la que no le encuentras la lógica, te desafío a que des gracias por ella. Jesús dio gracias por el pan, por su cuerpo que sería molido y por la copa, que tipificaba la sangre que derramaría en la cruz.

La pérdida de un trabajo puede ser parte de un plan de crecimiento para que puedas desarrollarte en otro proyecto.

El fin de una relación puede dar paso a que descubras que necesitas un tiempo de soledad, que no es otra cosa que un encuentro saludable contigo mismo. También puede ser que

> Da gracias por la forma en que Dios está en control y está obrando a tu favor.

el camino se está despejando para que más adelante puedas disfrutar de una relación más satisfactoria. Da gracias por la forma en que Dios está en control y está obrando a tu favor.

"Y tomando los siete panes y los peces, dio gracias, los partió y dio a sus discípulos, y los discípulos a la multitud".
—Mateo 15:36, énfasis añadido

"Pero otras barcas habían arribado de Tiberias junto al lugar donde habían comido el pan después de haber dado gracias el Señor".
—Juan 6:23, énfasis añadido

Cuando Jesús multiplicó los panes y peces, con los que comieron miles de personas, ¿qué fue lo primero que hizo? Lo primero que hizo Jesús fue tomar lo que iba a multiplicar y dar gracias al Padre, el que provee la multiplicación.

La multitud estaba hambrienta, había pasado el día y se acercaba la noche. Los discípulos entonces le dicen a Jesús: "Señor, despídelos ya, tienen que irse para comer" (ver Mateo 14:15–21). El Señor sorprende a los discípulos diciendo: "Denle ustedes de comer". Los discípulos se horrorizan diciendo: "¿Cómo es posible que nosotros les demos de comer a una multitud tan grande?". El Señor los envía entre la multitud y los discípulos descubren que solo tienen cinco panes y dos peces, ridículamente poco para darle de comer a una multitud tan grande. Pero dice la Biblia que entonces el Señor tomó esos panes y peces, y fueron multiplicados de tal manera que comieron todos, se saciaron y recogieron doce cestas llenas de los pedazos y lo que sobró de los peces. Los que comieron fueron como cinco mil hombres, sin contar las mujeres y los niños.

Hay un efecto milagroso y multiplicador en la gratitud. Cuando aprendemos a ser agradecidos abrimos nuestra vida a la acción receptiva. Aprender a utilizar la sencilla palabra "gracias" es una buena siembra para ver el cumplimiento de milagros. Cuando doy gracias, estoy demostrando que tengo fe. Cuando nos centramos en la gratitud, estamos llenos del entendimiento de lo bueno que tenemos en la vida y la esperanza de que disfrutaremos de más y mayores bendiciones.

> Cuando aprendemos a ser agradecidos abrimos nuestra vida a la acción receptiva.

Tal y como Jesús lo hacía, debemos expresar nuestro agradecimiento a Dios con regularidad por las bendiciones que nos da, y también dar las gracias a las demás personas por sus actos de bondad hacia nosotros. Hacer esto redunda en satisfacción para nuestras almas. La gratitud es una actitud que enaltece y exalta. Por lo general, la gente vive en un mayor estado de plenitud cuando siente gratitud. Cuando nos sentimos agradecidos es imposible que nos sintamos amargados, porque la gratitud nos provee sanidad interior.

Tengo la total seguridad de que mucha gente que vive frustrada, deprimida y angustiada es porque no se han detenido a evaluar todas las bendiciones que tienen, y mucho menos dan gracias por ellas. No se puede estar agradecido e infeliz al mismo tiempo. No se puede estar agradecido, y a la misma vez tener una vida miserable. No se puede estar agradecido y vivir en amargura simultáneamente.

> Cuando nos sentimos agradecidos es imposible que nos sintamos amargados, porque la gratitud nos provee sanidad interior.

Teniendo la experiencia de viajar a otros países y estar en contacto con personas muy pobres, como los indígenas latinoamericanos, siempre me ha maravillado la gratitud que veo en sus corazones. Ver personas tan felices, teniendo tan poco materialmente, es absolutamente extraordinario. ¿Qué agradecen? Ellos se sienten agradecidos por estar vivos, porque haya comida en la mesa (aunque sea poca), por disfrutar de un día soleado, o disfrutar de un día lluvioso, por tener buena salud (aunque no tengan servicios médicos), por su familia, por sus amigos y, a veces, le dan gracias a Dios por mí sin conocerme bien. Al mismo tiempo, he tenido la experiencia sorprendente de gente que lo tiene todo y no agradece nada. Más bien, se queja.

> Cuando nos concentramos en la abundancia que tenemos, de las cuales la material es la más superflua de todas, nuestra vida es más satisfactoria. Cuando nos concentramos en aquellas cosas que no tenemos, nuestra vida se vuelve carente.

¿Cuál de estos dos grupos cree que es más feliz? Indiscutiblemente, el primero. Son más felices los que son agradecidos. Cuando nos concentramos en la abundancia que tenemos, de las cuales la material es la más superflua de todas, nuestra vida es más satisfactoria. Cuando nos concentramos en aquellas cosas que no tenemos, nuestra vida se vuelve carente. Hay una gran importancia en hacia dónde es que vamos a poner nuestra atención.

Solamente uno regresa a dar gracias

Debemos sentirnos agradecidos por las maravillosas bendiciones que recibimos y las grandes oportunidades que tenemos. También debemos sentirnos agradecidos cuando llega la prueba y la enfermedad. Las crisis son diversas, y también su intensidad. Algunas son pasajeras y leves, otras duran más tiempo y son extremadamente dolorosas. Pero al final, todos tenemos que reconocer que solo en Dios está el verdadero poder, y que Él puede transformar todas las cosas. Por grande y fuerte que sea la tormenta, Jesús puede transformarla y traer tiempos de bonanza y bendición.

En la Biblia encontramos una narración de un grupo de diez personas que estaban enfermas y Jesús las sanó. Pero de esas diez, solo una regresó a darle las gracias:

> Por grande y fuerte que sea la tormenta, Jesús puede transformarla y traer tiempos de bonanza y bendición.

"Yendo Jesús a Jerusalén, pasaba entre Samaria y Galilea. Y al entrar en una aldea, le salieron al encuentro diez hombres leprosos, los cuales se pararon de lejos y alzaron la voz, diciendo: ¡Jesús, Maestro, ten misericordia de nosotros! Cuando él los vio, les dijo: Id, mostraos a los sacerdotes. Y aconteció que mientras iban, fueron limpiados. Entonces uno de ellos, viendo que había sido sanado, volvió, glorificando a Dios a

gran voz, y se postró rostro en tierra a sus pies, dán-
dole gracias; y éste era samaritano. Respondiendo
Jesús, dijo: ¿No son diez los que fueron limpiados?
Y los nueve, ¿dónde están? ¿No hubo quien volviese
y diese gloria a Dios sino este extranjero? Y le dijo:
Levántate, vete; tu fe te ha salvado".

—Lucas 17:11–19

La vida de los leprosos no era nada fácil. Primero, para la mente judía, los leprosos estaban bajo el juicio de Dios. Segundo, debían habitar en las afueras de las ciudades. Tercero, debían anunciar su condición si alguien se les acercaba. Y por último, ceremonialmente estaban impedidos, no podían ingresar al templo.

Lo que mayormente atormentaba a estas personas que habían sido desechadas por la sociedad era el recuerdo persistente de sus seres queridos que tenían que dejar atrás, cuando el sacerdote los pronunciaba leprosos. Algunos de ellos, probablemente habían sido judíos fieles, arraigados en la tradición de su religión. Pero ahora estaban acampando en las afueras de su pueblo, en el anonimato, llevando una existencia desoladora, solitaria y de mucha vergüenza.

Ellos supieron de Jesús y de los milagros tan poderosos que había hecho. Pudiera ser que algunos de los leprosos que antes había sanado les dieron testimonio a estos diez leprosos, y salieron al encuentro de Él. Con determinación, cerca del camino, clamaron a Jesús y le adoraron por un milagro. El Señor los sanó y con gran compasión les dijo: "Vayan, muéstrense a los sacerdotes".

De los diez leprosos, nueve eran judíos y uno era samaritano. Únicamente el samaritano, que era un extranjero, fue el que regresó a darle las gracias a Jesús por el milagro que había recibido. Notamos que el Señor le dio importancia a este acto, lo enalteció y lo reconoció. Proclamó sobre este hombre salvación. La gratitud abre la puerta a las oportunidades y los hermosos regalos que provienen de Dios.

Una buena amiga mía hizo como ese samaritano que volvió a darle las gracias a Jesús, luego de ser testigo de cómo el Señor la libró de una terrible enfermedad. Esta fue la carta de gratitud que le escribió al Señor.

> La gratitud abre la puerta a las oportunidades y los hermosos regalos que provienen de Dios.

Amado Jesús:

Gracias por reforzar mi convicción de que soy cristiana y "una hija amada tuya". Esas fueron las palabras que me fortalecieron en una de las veredas que me tocó cruzar como parte de ser humana, mujer e hija amada por Dios. Me acaricia tu gracia y el reconocimiento en mi corazón de saber que tu Palabra se hace viva en mi vida cada vez que la recito, y creer en ella se lleva mis miedos y los sustituye con la fe. Con esto puedo mirar más allá de lo comprensible a lo imposible cuando sé que te haces realidad.

Gracias por la palabra que me dejaste donde me aseguras que cuando traigo toda ansiedad a ti, tienes cuidado de mí. Cuando la incertidumbre llegó a mi vida en una tarde de invierno con un pronóstico de salud incierto, y físicamente estuve sola recibiendo la noticia, tu mano me sostuvo. Tu voz se hizo real en mi corazón y tu Espíritu Santo inmediatamente cumplió su función de ser el "Paracleto" en mi vida. Gracias, porque esa función de ser el "paraguas", el que me cubre de la tormenta, se hizo eco a través del consuelo que es tu Espíritu en mi ser.

Recuerdo cuando me dijiste en ese momento (con mi sospechoso pronóstico en la mano): "Mantente conectada a la Fuente de la Fe". Gracias, porque eso fue el ancla que hizo que mi mente no se turbara, aun con todas las preguntas que tenía por mi humanidad.

Gracias, porque estuviste presente y "rebosó de mi corazón palabra buena", como dijo el salmista. Escribir tu palabra en las paredes de mi casa, en esos días siguientes en espera de los resultados, me bendijo como a los israelitas cuando les dijiste que la marcaran en los dinteles de sus puertas. Gracias, porque se disipó mi ansiedad, porque pude sustituir mis pensamientos negativos y de derrota por pensamientos de bien, gozo y plenitud.

Hoy te agradezco por tu benevolencia, porque estoy sana, y el resultado fue bueno. En el tiempo de incertidumbre, cuando el esperar se convertía eterno, pude venir en obediencia y conectarme a la Fuente de la Fe. ¡Qué sería de mi vida sin ti, mi Jesús! Eres todo para mí, y por eso... GRACIAS.

Te amo en cada aliento,
Tu hija

Probados en la gratitud

Ha sido un proceso de toda la vida, aprender y valorar el concepto de la gratitud. Tuve la bendición de nacer en una familia que creía en Dios, aun cuando hubo épocas bien tristes y sumamente difíciles, que si uno agradece lo que tiene, eso trae bendición. Desde niña estoy escuchando en la iglesia que "en todas las cosas, demos gracias".

Acabo de cumplir 42 años. Soy de esas personas que cada 31 de diciembre, en despedida de año, hago revisión del año y en cada cumpleaños hago revisión de mi vida. En este cumpleaños, tuve una gran fiesta el día antes de la fecha de mi nacimiento. Vinieron mis familiares y amigos a casa, lo que disfruto muchísimo, y mi esposo me dio la sorpresa de unos mariachis que vinieron a traerme una serenata. Sin lugar a dudas, fue una fiesta especial en la que todos cantamos, reímos y, como buenos cristianos, comimos muchísimo. Pero, al día siguiente, el día específico que se cumplió mi natalicio, quise estar sola y usarlo para reflexionar. Fue significativo.

Vinieron a mi mente los grandes maestros que el Señor ha puesto en el camino. Unos se han ido, porque ya cumplieron su propósito, y otros permanecen. Di gracias. Sí, soy una persona agradecida. Algunas veces más que otras. Pero, ciertamente, ese día me invadió una sublime gratitud. Me puse a hacer una lista por escrito, sentada en la mesa de un restaurante de un centro comercial, todas las bendiciones que he disfrutado. Saqué las complejidades de mi mente, y comprendí lo mucho que tenía para agradecer. Es maravilloso centrarse en lo que es y ha sido bueno. Cuando tenemos una actitud de agradecimiento, se ve el mundo y las circunstancias con otros ojos. Lo más interesante fue que la semana siguiente, tendría que aplicar como nunca antes el dar gracias por todo.

> Cuando tenemos una actitud de agradecimiento, se ve el mundo y las circunstancias con otros ojos.

A mi esposo le hicieron una ecografía de la tiroides y le encontraron unos nódulos. Su médico, al ver ese resultado, le preguntó si en su familia hubo personas que padecieron de cáncer, a lo que mi esposo le respondió: "Sí, una tía y mi abuelo". Entonces la doctora, muy diligentemente, le dijo que tenía que hacerse una biopsia para explorar si los nódulos eran benignos o malignos. Cuando le realizaron la biopsia, le dijeron a mi esposo que los nódulos eran unos tumores bastante grandes y que debía esperar la llamada de su doctora. Nos fuimos a Ecuador, a un viaje ministerial previamente coordinado. Durante ese viaje fuimos testigos del poder y del amor de Dios con las mujeres de la ciudad de Guayaquil. Mi hermana Dalia nos acompañó, así que también fue un lindo tiempo de familia. Cuando llegamos de regreso al aeropuerto de Puerto Rico, mi esposo recibió una llamada telefónica de su médico en la que le informaba que necesitaba verlo urgentemente.

Cuando llegamos al consultorio de la doctora, ella nos informó que, en efecto, los resultados de la biopsia fue que eran tumores malignos: cáncer. Que el cáncer había hecho metástasis (extenderse a otras partes del cuerpo) y que era categoría seis. Miré a mi esposo y él estaba en un letargo total, lo que es normal ante una noticia de esa magnitud y tan inesperada. El cáncer se había extendido a la garganta y sospechaban que hubiera llegado al pulmón. Uno de los riesgos de operarlo era que al sacar los tumores de la garganta, como eran muy grandes, dañaran la vena aorta o la yugular, por lo que había un alto riesgo.

Desde ese día comenzamos una campaña intensa de oración y ayuno. Lo que nunca faltó en nuestras oraciones fue darle gracias a Dios por el proceso que estábamos viviendo.

Aunque había cosas que no podíamos entender dentro de ese plan, decidimos descansar en la soberanía de Dios y ser agradecidos. Días después, la metástasis desapareció milagrosamente. Cuando lo operaron, todo el cáncer estaba encapsulado. Luego de la cirugía, estuvo quince días en aislamiento dándole radioterapia con yodo. Hoy mi esposo, para la gloria de Dios, está totalmente libre de cáncer. Fuimos testigos de cómo un cáncer a tal grado de magnitud, desapareció en ocho semanas. ¡Gracias Señor!

Cuando nuestra actitud proviene de un modelo como nuestro Señor Jesucristo, nos puede ayudar mucho más. Cuando le pedimos ayuda, podemos estar eternamente agradecidos por su eterna disposición. Él está con nosotros. Nunca estamos solos en el camino.

¿Qué nos provee la gratitud?

En ocasiones, nos puede ocurrir que olvidemos que le pertenecemos a Dios y que somos sus hijos amados. La intención de Dios siempre es que disfrutemos de todas las experiencias de la vida. Las lecciones de la vida pueden estar llenas de alegrías, en lugar de darle significado y peso al dolor. Quiero que consideres algunas de las cosas que la gratitud nos proporciona cuando vemos las experiencias de la vida desde la perspectiva correcta:

1. La gratitud nos hace felices
Estar agradecido permite que nos enfoquemos más en las bendiciones; por eso, podemos vivir

> La intención de Dios siempre es que disfrutemos de todas las experiencias de la vida.

más alegremente. La gratitud es una excelente manera de dejar de concentrarnos en las cosas negativas y fijar nuestra atención en aquello que está bien. Pensar en lo que nos hace sentir agradecidos, nos lleva a sonreír.

Pensar en lo que nos hace sentir agradecidos, nos lleva a sonreír.

2. La gratitud reduce la ansiedad y la depresión

Es una estrategia terapéutica, cuando las personas tienen diagnóstico de depresión o ansiedad, llevar a cabo un inventario de bendiciones por las que se está agradecido. No se puede sentir agradecido y desgraciado al mismo tiempo.

3. La gratitud es buena para nuestro cuerpo

Existen diferentes investigaciones en las que correlacionaron la gratitud con el fortalecimiento del sistema inmunológico, reduce la presión arterial, reduce los síntomas de las enfermedades, y nos hace menos susceptible al dolor y otras molestias. También nos anima a hacer más ejercicio y cuidar mejor de nuestra salud.

4. Las personas agradecidas duermen mejor

Ellas se tardan menos en quedarse dormidas. Disfrutan de más horas de sueño cada noche y se sienten más dispuestas y animadas al despertar en la mañana.

5. La gratitud nos provee mayor resiliencia

La resiliencia es la capacidad de recuperarse de eventos adversos. Es la virtud de la fortaleza puesta en acción. Las personas agradecidas aprenden a ver lo bueno y evaluar cada evento que les sucede para aprender de ello. La gratitud ha sido útil para ayudar a las personas a recuperarse de eventos traumáticos.

6. La gratitud fortalece las relaciones

Cuando los matrimonios sienten y expresan gratitud, cada uno de ellos se vuelve más satisfecho con su relación. La gratitud también puede contribuir a una división más equitativa del trabajo en el hogar y que la relación sea más justa.

> La gratitud ha sido útil para ayudar a las personas a recuperarse de eventos traumáticos.

7. La gratitud promueve el perdón

El ser agradecidos nos ayuda a disminuir la importancia que tienen las heridas que otros nos han hecho y nos permite ver primero todo lo bueno que sí tenemos. El efecto de la gratitud se ha comprobado incluso en excónyuges, logrando sanar muchas heridas para llevar una relación más sana.

8. La gratitud nos hace más generosos

Cuando te das cuenta de que todo lo que tienes es por el favor y la gracia de Dios, puedes ser más generoso. Se ha comprobado que las personas que son agradecidas, son capaces de donar no solo su dinero, sino también su tiempo, sus talentos y capacidades. El efecto también se da cuando las personas utilizan el dinero para ayudar a otros. La emoción de la gratitud es un antídoto contra las emociones negativas, un neutralizador de la envidia, la avaricia, la hostilidad, la preocupación y la irritación.

9. La gratitud es buena para los niños

Si queremos que nuestros hijos sean personas de bien, y sobre todo personas felices, la gratitud es un excelente camino. Debemos enseñarles todo lo bueno que tienen. Una práctica que hago con mi hijo es orar dando gracias por los alimentos y enseñarle que hay otros niños que no tienen qué comer. Cuando lo busco en el colegio, le pregunto: ¿Qué fue lo mejor de tu día hoy? Así se acostumbrará a ver lo bueno que Dios nos regala todos los días.

> La gratitud es un antídoto contra las emociones negativas, un neutralizador de la envidia, la avaricia, la hostilidad, la preocupación y la irritación.

10. La gratitud nos brinda esperanza

El hecho de tener vida y experimentar el hermoso regalo de nuestra existencia es un inmenso honor. Cada nuevo día está lleno de posibilidades y oportunidades que puedes experimentar. Cada vez que sale el sol, hay nuevas bendiciones que puedes disfrutar. Da las gracias a Dios, porque estás aquí en salud, dispuesto y capaz a seguir disfrutando de esta gran aventura que llamamos vida. Levántate con optimismo para poner en acción todos tus dones y talentos. El mundo los necesita.

> El hecho de tener vida y experimentar el hermoso regalo de nuestra existencia es un inmenso honor.

ORACIÓN DE GRATITUD

Amado Señor,

Irradio gratitud, oh Señor, porque todos los días me demuestras que estoy protegido en tu poderosa presencia. Estoy agradecido por mi familia y mis amigos. Gracias por las oportunidades y las lecciones que he aprendido. No permitas que pierda de vista las pequeñas bendiciones que forman y fabrican los cimientos de mi vida.

Gracias por cobijarme durante la tormenta. Gracias por enderezar lo que estaba torcido. Gracias por crear salida, ahí donde no había salida. Gracias por perdonarme, cuando yo no era capaz de perdonarme. Gracias por tu provisión. No me ha faltado nada. He sido bendecido, ayer, hoy y mañana.

Mi alma rebosa de gozo y gratitud por la vida que me has dado y por quien soy en ti. Gracias por experimentar este precioso cuerpo y esta maravillosa mente. Hoy, Señor, quiero expresarte mi más profunda gratitud por cómo me he desarrollado. Reconozco que no soy la misma persona de hace un tiempo atrás. Tú me has transformado.

Gracias por tu gracia, tu misericordia y tu bondad. Gracias por Jesucristo. He aprendido que la mejor forma de decirte GRACIAS es viviendo intensamente cada minuto de mi vida, amándome y demostrando tu gran amor a todas las personas que me rodean. Me deleitaré con la presencia de todas las personas que son importantes para mí y les haré saber lo especiales que son. Respetaré las elecciones de otros, tal y como respeto las mías.

Hoy, recibo con buen humor todos tus regalos, los disfrutaré y los valoraré. Rehúso mirar hacia atrás, con excepción de rectificar la lección aprendida. Hoy me renuevo y así será cada día de mi vida.

En el poderoso nombre de Jesús. Amén.

EJERCICIO

Te invito a reflexionar, contestar y aplicar:

1. Durante el día, di la palabra "gracias" varias veces y exprésale a Dios por qué estás agradecido.

2. Date las gracias a ti mismo. ¿Por qué estás agradecido de ti?

3. Difunde la actitud de expresar gratitud.

4. Debes de hacer una lista de las cosas por las que estás agradecido, pero tienes que ir cambiando constantemente, de lo contrario se volverá aburrido.

5. Puedes agradecer a una persona en específico, es decir, piensa quién en tu vida ha tenido un gran efecto en ti. ¿Por qué estas agradecido con esa persona? ¿Qué contribuciones ha hecho en tu vida?

6. Da gracias por tus provisiones.

7. Antes de ir al trabajo, eleva al cielo gratitud porque tienes ese trabajo.

8. Antes de preparar la comida, salir con los amigos, hacer ejercicio, quedarte en casa con tus hijos, la verdad es que cualquier pretexto es bueno para decir gracias.

NOTAS

1. "What Life Means to Einstein: An Interview by George Sylvester Viereck" (Qué significa la vida para Einstein: Una entrevista por George Sylvester Viereck), "The Saturday Evening Post", 26 de octubre de 1929. www. creyentesintelectuales.blogspot.com (consultado en línea el 27 de mayo de 2016).

Capítulo dos: El combatiente de la tristeza

1. https://vsearch.nlm.nih.gov/vivisimo/cgi-bin/query-meta ?query=depression&v%3Aproject=nlm-main-website. (Consultado en línea el 31 de mayo de 2016).

Capítulo tres: El Príncipe de la paz

1. https://es.wikipedia.org/wiki/Hematidrosis (Consultado en línea el 31 de mayo de 2016).

Capítulo cinco: El amor en acción

1. Dalia Rubí Milland, *Te quiero mucho,* (San Juan, Puerto Rico: 2015) pág. 16.

ACERCA DE LA AUTORA

La **Dra. Lis Milland** cuenta con un doctorado en Consejería de la Universidad Interamericana y una maestría en Trabajo Social de la Universidad de Puerto Rico. Además está certificada en distintas técnicas poco tradicionales para la terapia clínica a pacientes con depresión, trastornos de ansiedad y problemas de abuso de sustancias. Ha sido galardonada por el Colegio de Trabajadores Sociales de Puerto Rico y de la National Association of Social Work por su excelencia en el campo de la salud mental.

Como fundadora y directora del Centro de Consejería Armonía Integral, ha tenido la oportunidad de realizar talleres de sanidad interior y atender un promedio de 10,000 pacientes tanto en su natal Puerto Rico como en el extranjero. Este caudal de conocimiento lo retransmite como catedrática universitaria a nivel doctoral.

También ha hecho trabajo misionero en países como Honduras, Cuba, Islas Vírgenes, Panamá y Estados Unidos donde ha llevado el mensaje del amor y la esperanza que obtenemos cuando creemos en Jesucristo.

En Puerto Rico participa activamente en los medios de comunicación como en la prensa escrita, radio y televisión. Ya por espacio de 10 años se destaca en un segmento dirigido a la mujer el cual se transmite por la emisora radial Nueva Vida, 97.7 FM.

Es la autora de los libros *Nací para ser feliz*, el superventas *Vive libre, vive feliz* y del CD "Sentidos abiertos", que contiene estrategias para la relajación mental.

Está casada con el catedrático universitario Luis Armando Rivera a quien considera el complemento perfecto dado por Dios a su vida. Reside en San Juan, Puerto Rico junto a su esposo e hijo Adrián Emmanuel.

INFORMACIÓN DE CONTACTO:

Para conferencias y predicaciones puede comunicarse al
(787) 396-8307

E-mail: armoniaintegral@hotmail.com

Facebook LisMilland

Twitter: Lis_Milland

CASA CREACIÓN

Te invitamos a que visites nuestra página web, donde podrás apreciar la pasión por la publicación de libros y Biblias:

www.casacreacion.com

f @CASACREACION

𝕏 @CASACREACION

📷 @CASACREACION

Para vivir la Palabra